BRIAN GAGG

WORTSUCHRÄTSEL
4 in 1 SAMMELBAND

BLUMEN, GARTEN, GRILLEN und SOMMER

AF221830

Bibliografische Information der Deutschen Nationalbibliothek:
Die Deutsche Nationalbibliothek verzeichnet diese Publikation in der Deutschen Nationalbibliografie; detaillierte bibliografische Daten sind im Internet über http://dnb.dnb.de abrufbar.

Herstellung und Verlag: BoD – Books on Demand, Norderstedt
ISBN: 9783754328392

Inhaltsangabe   Seite

Einleitung

Auf den folgenden Seiten finden sich thematisch sortierte Wortsuchrätsel.

Um ein Wortsuchrätsel zu lösen, müssen alle jeweils aufgelisteten Worte in der darüber befindlichen Buchstabenmatrix gefunden werden. Ist ein Wort gefunden, sollte es mit einem Stift umkreist und das gefundene Wort aus der Liste gestrichen werden. Sind alle Worte aus der Liste gefunden, ist das Rätsel gelöst. Bei Schwierigkeiten ein Rätsel zu lösen, kann die Lösung jeweils auf der Rückseite nachgeschaut werden. Die zu findenden Worte sind jeweils als ganzes (d.h. immer nur in einer Richtung und ungebrochen) in der Matrix nach folgenden Regeln versteckt:

- Suchworte können sich überlagern, d.h. ein Buchstabenkästchen kann von mehreren Suchworten genutzt sein.

- Worte können vorwärts, rückwärts, horizontal, vertikal oder diagonal in der Matrix versteckt sein.

- Suchworte stehen für sich alleine und sind unter- oder nebeneinander aufgelistet.

```
N L D J M M A N D E L R O E S C H E N
W Q J N Z N V G N P K Z P M Q O K V K
U F C S O C C T E O L Z S P O T M E C
K Z C K H W D E E M L O E O E M T P F
M F H Q B H V E N Z P T C G S D P Q P
L N Z R E E Z V Y N U U C I O D I X J
G X I K D I R S B N N X U Y L V O C H
L N C H P P T P I V J F V O E T Y D U
O N U O X L T E O L L V G V M X J Q X
E K Q Q T G Z V B E S P N U M T U R
Y O M I W S L U B D G B W V L E W X U
E R G I Q O J V L A E Q F F B W I V O
M E E X M J X Q T W I I N N L L F B P
U U R N T H Z T A Q P U W H E U A T S
L C A J C A I Z B W S H F O F A U L V
B W N M A M T Z N W N A M M F M P F W
N Q I S T O D B D X E K Z D O N W I H
E M E A M X F F B G U H Z L T E O T W
N C E V C Y H G X O A B M O N W Z O R
R N E D A F T R A B R P G G A E U R K
E I K L W S W O O I F N U C P O P N K
T S Y D B N K C Y Y H L J B C L I I I
A O D T H D Q E M Y W U I I Z C Q N H
L R L Z D J T A O Y S I J R Q Q U H B
```

1

Einjährige Blumensorten

PANTOFFELBLUME
PETUNIE
LOEWENMAUL
GOLDMOHN
GERANIE

LATERNENBLUME
MANDELROESCHEN
FRAUENSPIEGEL
MITTAGSGOLD
BARTFADEN

Lösung

N	L	D	J	M	M	A	N	D	E	L	R	O	E	S	C	H	E	N	N
W	Q	J	N	Z	N	V	G	N	P	K	Z	P	M	Q	O	K	V	K
U	F	C	S	O	C	C	T	E	O	L	Z	S	P	O	T	M	E	C
K	Z	C	K	H	W	D	E	E	M	L	O	E	O	E	M	T	P	F
M	F	H	Q	B	H	V	E	N	Z	P	T	C	G	S	D	P	Q	P
L	N	Z	R	E	E	Z	V	Y	N	U	U	C	I	O	D	I	X	J
G	X	I	K	D	I	R	S	B	N	N	X	U	Y	L	V	O	C	H
L	N	C	H	P	P	T	P	I	V	J	F	V	O	E	T	Y	D	U
O	N	U	O	X	L	T	E	O	L	V	G	V	M	X	J	Q	X
E	K	Q	Q	Q	T	G	Z	V	B	E	S	P	N	U	M	T	U	R
Y	O	M	I	W	S	L	U	B	D	G	B	W	V	L	E	W	X	U
E	R	G	I	Q	O	J	V	L	A	E	Q	F	F	B	W	I	V	O
M	E	E	X	M	J	X	Q	T	W	I	I	N	N	L	L	F	B	P
U	U	R	N	T	H	Z	T	A	Q	P	U	W	H	E	U	A	T	S
L	C	A	J	C	A	I	Z	B	W	S	H	F	O	F	A	U	L	V
B	W	N	M	A	M	T	Z	N	W	N	A	M	M	F	M	P	F	W
N	Q	I	S	T	O	D	B	D	X	E	K	Z	D	O	N	W	I	H
E	M	E	A	M	X	F	F	B	G	U	H	Z	L	T	E	O	T	W
N	C	E	V	C	Y	H	G	X	O	A	B	M	O	N	W	Z	O	R
R	N	E	D	A	F	T	R	A	B	R	P	G	G	A	E	U	R	K
E	I	K	L	W	S	W	O	O	I	F	N	U	C	P	O	P	N	K
T	S	Y	D	B	N	K	C	Y	Y	H	L	J	B	C	L	I	I	I
A	O	D	T	H	D	Q	E	M	Y	W	U	I	I	Z	C	Q	N	H
L	R	L	Z	D	J	T	A	O	Y	S	I	J	R	Q	Q	U	H	B

```
J E Y W E P J P M Y R E V O N P J D P
N E H C S E O R S L E M M I H K C A Z
G F M X C U B W I F K W L O J M B Y M
T Y P G O L D G L O E C K C H E N B N
X V O P Q J M Q O T O X U X E D H R U
O Y E M H F J L B I Z F K M J X Q R Z
C Y P N R D V N O T K L U J Y W O A B
H N E H C S E O R K A L U T R O P N U
T K Q L P G Y M U E B M J D O F U E X
J W V C G X M M W R T L R F J E C H D
Q W X T W G I U E T P E Z V R R A C H
S K S G R B J L Z N N E D T R U D F O
B K O Z V R K R W J C T R V J E C P M
L X G R U U P L Q B J E E B Q T I E F
I J K E A S Q G Z M N M I R F I E O S
K M X G C P C E N N P Z E N X V K K X
W J Y U Y P E A E Y E S I N I W C N B
V Y P O Y P G A R S U L Q A A K A E E
B O J M U Z M V T K O A E Y Y H L R G
L S P L L Q B H G U U I H O Q X D A O
L G M J B C J Q V S U H H J G C L S N
M E G P A S S I O N S B L U M E O U I
A D O N I S R O E S C H E N R B G H E
U A Y J P Y E U P B O M P C O F Y P S
```

2

Einjährige Blumensorten

HIMMELSROESCHEN
GAUKLERBLUME
ADONISROESCHEN
MAENNERTREU
GOLDGLOECKCHEN

PORTULAKROESCHEN
PASSIONSBLUME
HUSARENKOEPFCHEN
GOLDLACK
BEGONIE

Lösung

J	E	Y	W	E	P	J	P	M	Y	R	E	V	O	N	P	J	D	P
N	E	H	C	S	E	O	R	S	L	E	M	M	I	H	K	C	A	Z
G	F	M	X	C	U	B	W	I	F	K	W	L	O	J	M	B	Y	M
T	Y	P	G	O	L	D	G	L	O	E	C	K	C	H	E	N	B	N
X	V	O	P	Q	J	M	Q	O	T	O	X	U	X	E	D	H	R	U
O	Y	E	M	H	F	J	L	B	I	Z	F	K	M	J	X	Q	R	Z
C	Y	P	N	R	D	V	N	O	T	K	L	U	J	Y	W	O	A	B
H	N	E	H	C	S	E	O	R	K	A	L	U	T	R	O	P	N	U
T	K	Q	L	P	G	Y	M	U	E	B	M	J	D	O	F	U	E	X
J	W	V	C	G	X	M	M	W	R	T	L	R	F	J	E	C	H	D
Q	W	X	T	W	G	I	U	E	T	P	E	Z	V	R	R	A	C	H
S	K	S	G	R	B	J	L	Z	N	N	E	D	T	R	U	D	F	O
B	K	O	Z	V	R	K	R	W	J	C	T	R	V	J	E	C	P	M
L	X	G	R	U	U	P	L	Q	B	J	E	E	B	Q	T	I	E	F
I	J	K	E	A	S	Q	G	Z	M	N	M	I	R	F	I	E	O	S
K	M	X	G	C	P	C	E	N	N	P	Z	E	N	X	V	K	K	X
W	J	Y	U	Y	P	E	A	E	Y	E	S	I	N	I	W	C	N	B
V	Y	P	O	Y	P	G	A	R	S	U	L	Q	A	A	A	K	A	E
B	O	J	M	U	Z	M	V	T	K	O	A	E	Y	Y	H	L	R	G
L	S	P	L	L	Q	B	H	G	U	U	I	H	O	Q	X	D	A	O
L	G	M	J	B	C	J	Q	V	S	U	H	H	J	G	C	L	S	N
M	E	G	P	A	S	S	I	O	N	S	B	L	U	M	E	O	U	I
A	D	O	N	I	S	R	O	E	S	C	H	E	N	R	B	G	H	E
U	A	Y	J	P	Y	E	U	P	B	O	M	P	C	O	F	Y	P	S

```
C Y S I P Z J K W E K N Z P R U R I B
K T H M E W Y Q K T A T P K L I D C F
B B M A D L Q L D G P M D Y H B A H A
A V F K C V V V W U U H U A S O H T C
S E U I M D J J K E Z B F Q C N A D J
E M I E W W R G Z C I M T L L V N T F
U U M D J T B I R A N Y S N U N M V J
Z L O T G O A B X D E M T E F Z N A K
W B H V I Y K L C O R I E N L F S A L
W R N Z L U H V B Y K T I E A T H C A
C E J M T R G C E Z R T N U E G P K T
K I Z D R B G A I L E A R R R J Q E S
X P C T I O I H O V S G I G W Q Y R C
L A K Z H Q E X N N S S C M G V X W H
B P B O R E M J N X E B H I N D Y I M
P K O V R M E Y N G W L L R Q V T N O
G W Q W L N W O N M U S E G W Y D H
A U H D O L R N C F T M U F C Y X E N
X S W Y Q U J A Q T M E Y G Z R F J M
E C D B K G Y S D J P C X N U B L T H
S P P Y I G Z Z V E L Y I U W X P G S
J E K E O S X J H C P U E J Q T A F S
A P P L V B W X Z F J G B V A V Y L A
G F G M H U H A L O F G A U K A A X D
```

```
C Y S I P Z J K W E K N Z P R U R I B
K T H M E W Y Q K T A T P K L I D C F
B B M A D L Q L D G P M D Y H B A H A
A V F K C V V V W U U H U A S O H T C
S E U I M D J J K E Z B F Q C N A D J
E M I E W W R G Z C I M T L L V N T F
U U L M D J T B I R A N Y S N U N M V J
Z L O T G O A B X D E M T E F Z N A K
W B H V I Y K L C O R I E N L F S A L
W R N Z L U H V B Y K T I E A T H C A
C E J M T R G C E Z R T N U E G P K A
K I Z D R B G A I L E A R R J Q E E S
X P C T I O I H O V S G I G W Q Y R C
L A K Z H Q E X N S S C M G V X W H M
B P B O R E M J N X E B H I N D Y I M
P K O V R M E Y N G W L L R Q V T N O
G W Q W L N W D O N M U S E G W Y D H
A U H D O L R N C F T M U F C Y X E N
X S W Y Q U J A Q T M E Y G Z R F J M
E C D B K G Y S D J P C X N U B L T H
S P P Y I G Z Z V E L Y I U W X P G S
J E K E O S X J H C P U E J Q T A F S
A P P L V B W X Z F J G B V A V Y L A
G F G M H U H A L O F G A U K A A X D
```

```
L E B A N H C S H C R O T S E E H P U
I K W N Z J U V C N Y O W J W A P A N
X U L G Q X M Y S O F M Z Q W H C Q K
V U O X Y D U Y L V K V D O N H L J U X W
W O I U Z K M K H Z N G K O N C A C U
F Z Y E W M B P Y M E Q X T C M N S F
L W I U A K E L E I P D Q B O Q M M F
Y P S G W F N R Z K V C O Z Z R T I L
I K M S I W J Y H R Y M B J L I I F Q
J T E X U P E M E H T N A S Y R H C D
A W I D Y M V M L J V F F L P T N Z B
D O Y J Z I H K O I F B C Q O U S W F
T K J S E V C J S N H E U X S A D K O
N H Q W Y A V L C C C R A U Q R K C Z
T E D J R W N Q H R S G J D Y B B T D
Y I H F H Q W G M X I E H T H N H E Y
Y S Z N B E R J U A B N C N D E R W X
B E Q Y B N J I C U I I T S S N H D X
Q N X B U Y M S K I E E K Q A N Y S A
Y H U Z H T D G L Z E U Y Q S O P W U
Z U Q O W P N F I W X H V E Y S O U P
K T D U N D V D L E G U A N E N N O S
R L T G W L V X I H W D V N L V T Q P
F C C E O S L L E A U M T V A S K P Y
```

Staudensorten

CHRYSANTHEME
PHLOX
SCHMUCKLILIE
AKELEI
STORCHSCHNABEL

SONNENBRAUT
SONNENAUGE
BERGENIE
EIBISCH
EISENHUT

Lösung

```
L E B A N H C S H C R O T S E E H P U
I K W N Z J U V C N Y O W J W A P A N
X U L G Q X M Y S O F M Z Q W H C Q K
V U O X Y D U Y L V K V D H L J U X W
W O I U Z K M K M H Z N G K O N C A C U
F Z Y E W M B P Y M E Q X T C M N S F
L W I U A K E L E I P D Q B O Q M M F
Y P S G W F N R Z K V C O Z Z R T I L
I K M S I W J Y H R Y M B J L I I F Q
J T E X U P E M E H T N A S Y R H C D
A W I D Y M V M L J V F F L P T N Z F
D O Y J Z I H K O I F B C Q O U S W F
T K J S E V C J S N H E U X S A D K O
N H Q W Y A V L C C R A U Q R K C Z
T E D J R W N Q H R S G J D Y B B T D
Y I H F H Q W G M X I E H T H N H E Y
Y S Z N B E R J U A B N C N D E R W X
B E Q Y B N J I C U I T S S N H D X
Q N X B U Y M S K I E E K Q A N Y S A
Y H U Z H T D G L Z E U Y Q S O P W U
Z U Q O W P N F I W X H V E Y S O U P
K T D U N D V D L E G U A N E N N O S
R L T G W L V X I H W D V N L V T Q P
F C C E O S L L E A U M T V A S K P Y
```

O	F	Y	X	O	U	U	O	F	A	F	R	O	Z	V	P	P	D	G
T	G	M	X	T	W	Z	T	C	Z	A	Y	M	U	X	Z	J	Q	O
O	J	E	G	I	E	E	F	X	M	M	I	R	T	G	O	V	S	Q
E	W	P	A	A	T	W	M	E	N	K	N	H	K	T	F	S	T	D
G	B	F	E	R	K	N	B	U	R	S	I	M	K	T	U	K	I	J
U	Z	I	Z	N	N	E	M	B	O	C	W	A	X	F	S	N	E	E
A	N	N	R	J	H	H	C	L	P	H	X	I	Z	I	D	X	F	G
N	K	G	E	V	U	C	K	E	S	O	R	G	X	A	F	V	M	D
E	J	S	K	I	D	K	W	V	R	E	A	L	M	M	J	C	U	E
H	S	T	T	F	Z	C	J	E	E	N	Q	O	L	S	D	J	E	T
C	C	V	H	H	L	E	P	Z	T	A	A	E	X	U	X	N	T	A
D	R	E	C	B	S	O	Q	S	T	S	S	C	T	Z	T	N	T	J
E	E	I	A	N	T	L	C	P	I	T	B	K	W	L	N	B	E	C
A	L	L	R	U	P	G	R	K	R	E	S	C	S	Z	W	K	R	V
M	F	C	P	I	J	R	V	T	E	R	I	H	O	U	O	L	C	Z
C	E	H	I	W	E	U	T	Q	M	N	P	E	K	S	Y	U	H	V
D	N	E	E	Q	O	P	M	Y	Z	Q	B	N	U	H	H	X	E	C
J	B	N	M	B	W	R	M	T	Y	C	I	L	L	I	T	M	N	I
W	L	E	E	Y	R	U	S	U	U	F	B	Y	U	A	O	Q	T	T
E	U	G	I	X	N	P	O	Q	L	C	Z	C	S	M	V	U	N	Z
Y	M	U	F	P	K	U	L	J	R	Y	L	A	A	R	E	L	D	Q
I	E	R	U	L	L	B	X	Q	R	H	G	S	G	E	Q	O	U	H
Y	F	Y	H	F	D	Q	Z	A	D	J	W	X	U	U	Q	Q	P	Z
O	I	S	F	O	V	F	M	E	Q	P	T	V	L	V	R	X	W	Z

Staudensorten

RITTERSPORN
PURPURGLOECKCHEN
STIEFMUETTERCHEN
MAEDCHENAUGE
ELFENBLUME

FLOCKENBLUME
PFINGSTVEILCHEN
PRACHTKERZE
MAIGLOECKCHEN
SCHOENASTER

Lösung

```
O F Y X O U U O F A F R O Z V P P D G
T G M X T W Z T C Z A Y M U X Z J Q O
O J E G I E E F X M M I R T G O V S Q
E W P A A T W M E N K N H K T F S T D
G B F E R K N B U R S I M K T U K I J
U Z I Z N N E M B O C W A X F S N E E
A N N R J H H C L P H X I Z I D X F G
N K G E V U C K E S O R G X A F V M D
E J S K I D K W V R E A L M M J C U E
H S T T F Z C J E E N Q O L S D J E T
C C V H H L E P Z T A A E X U X N T A
D R E C B S O Q S T S S C T Z T N T J
E E I A N T L C P I T B K W L N B E C
A L L R U P G R K R E S C S Z W K R V
M F C P I J R V T E R I H O U O L C Z
C E H I W E U T Q M N P E K S Y U H H
D N E E Q O P M Y Z Q B N U H H X E C
J B N M B W R M T Y C I L L I T M N I
W L E E Y R U S U U F B Y U A O Q T T
E U G I X N P O Q L C Z C S M V U N Z
Y M U F P K U L J R Y L A A R E L D Q
I E R U L L B X Q R H G S G E Q O U H
Y F Y H F D Q Z A D J W X U U Q Q P Z
O I S F O V F M E Q P T V L V R X W Z
```

```
B T D Z N U C V Y F F O E W X L A I P
Y U D D E D K V C L A O U E T P K I G
L H M R Y U S O N N E N B L U M E M O
Z N N K J G R S A Y R E P F R P O N B
H E Z M U I I X J T B N K M T B E P T
O S Z O D B S R O R E A F L L R I Z B
R I Q S C H A F G A R B E K E Z M R D
N E M M Z M O V A W K U E B Q N D X T
V T V O T T E I T C A R V C G G D F H
E S L V Y P Q R W X M O R E Z K Y T P
I B D X K S W V G Y I L G D W L E Q D
L R U H Z B N H L O L H F S K M V O L
C E S O M H E U Z G L S G W C J F C M
H H G K I V V H E O E J V H J L C A X
E A J N X D Y M D V H Z I I O Z H B G
N F K E W H U L P B S N V K J R Z O U
H V M Q T L I N D I G O L U P I N E Q
C N W E B W M V K I D Y I E Y A F F Q
U W X Z K S J T J M X B U R L P A Z P
Z Q R T K J R H O P K A U S O Z O U Z
N E B F M J B P D G S Z F E W D W F W
H Z X G H S E D R O S E H E A D O K L
W K N L Q S D H L N Y F F Q N G Q N I
H M A T K Z R U W N E K L E N T J U Y
```

Staudensorten

SONNENBLUME
INDIGOLUPINE
HERBSTEISENHUT
NELKENWURZ
NELKE

HERZBLUME
ROSE
FAERBERKAMILLE
HORNVEILCHEN
SCHAFGARBE

Lösung

B	T	D	Z	N	U	C	V	Y	F	F	O	E	W	X	L	A	I	P
Y	U	D	D	E	D	K	V	C	L	A	O	U	E	T	P	K	I	G
L	H	M	R	Y	U	S	O	N	N	E	N	B	L	U	M	E	M	O
Z	N	N	K	J	G	R	S	A	Y	R	E	P	F	R	P	O	N	B
H	E	Z	M	U	I	I	X	J	T	B	N	K	M	T	B	E	P	T
O	S	Z	O	D	B	S	R	O	R	E	A	F	L	L	R	I	Z	B
R	I	Q	S	C	H	A	F	G	A	R	B	E	K	E	Z	M	R	D
N	E	M	M	Z	M	O	V	A	W	K	U	E	B	Q	N	D	X	T
V	T	V	O	T	T	E	I	T	C	A	R	V	C	G	G	D	F	H
E	S	L	V	Y	P	Q	R	W	X	M	O	R	E	Z	K	Y	T	P
I	B	D	X	K	S	W	V	G	Y	I	L	G	D	W	L	E	Q	D
L	R	U	H	Z	B	N	H	L	O	L	H	F	S	K	M	V	O	L
C	E	S	O	M	H	E	U	Z	G	L	S	G	W	C	J	F	C	M
H	H	G	K	I	V	V	H	E	O	E	J	V	H	J	L	C	A	X
E	A	J	N	X	D	Y	M	D	V	H	Z	I	I	O	Z	H	B	G
N	F	K	E	W	H	U	L	P	B	S	N	V	K	J	R	Z	O	U
H	V	M	Q	T	L	I	N	D	I	G	O	L	U	P	I	N	E	Q
C	N	W	E	B	W	M	K	I	D	Y	I	E	Y	A	F	F	Q	
U	W	X	Z	K	S	J	T	J	M	X	B	U	R	L	P	A	Z	P
Z	Q	R	T	K	J	R	H	O	P	K	A	U	S	O	Z	O	U	Z
N	E	B	F	M	J	B	P	D	D	G	S	Z	F	E	W	D	W	F
H	Z	X	G	H	S	E	D	R	O	S	E	H	E	A	D	O	K	L
W	K	N	L	Q	S	D	H	L	N	Y	F	F	T	Q	N	G	Q	N
H	M	A	T	K	Z	R	U	W	N	E	K	L	E	N	T	J	U	Y

```
L V E R G I S S M E I N N I C H T K P
R C Y X A K D Z U X I F M U I F T G E
H U S P I E R S T A U D E V G A T S Y
J H M N R O Z W Q B Y F Z E O S L Q P
F S H C J H I M D O Q D D Y Q E V K K
O Z Z I S S B E L I H N X M U Z Y E F
N S E L S U X Z N S V T Y H R A M M T
N D J G L J S W A M V F R S O W F U U
Y U J N P C E N X S B E G X F B E L H
D F Q V N N S Y Q N B P Y S T D A B R
K T O D F F C E O R T P C U V H N N E
L N E J N N I H E O F B A E E D W E G
N E I P E Z A A L P J R M H U O M K N
N S W K D C F I Z K K T X S N M T C I
V S L S O N N E N R O E S C H E N O F
K E P K B H F T E V U F S Q T Z F L H
N L C F S T A I Z D F X G X X H B G L
W P S V O G E T U H N E N N O S A J N
G N H K L L E S O R T S G N I F P P Z
S P A I H G Y X S R R Q E A V B A O R
I G L C P R A C H T S P I E R E H O T
S I S X H L K V N G Y B N X L C R M I
E C V S T O C K R O S E I R W E T W C
C I Q W X Y N E S S I K U A L B Q Y A
```

7

Staudensorten

SPIERSTAUDE
VERGISSMEINNICHT
BLAUKISSEN
GLOCKENBLUME
PRACHTSPIERE

FINGERHUT
SONNENHUT
NELKEN
DUFTNESSEL
STOCKROSE

SCHLEIERKRAUT
FAERBERHUELSE
SONNENROESCHEN
PFINGSTROSE
TAGLILIE

Lösung

```
L V E R G I S S M E I N N I C H T K P
R C Y X A K D Z U X I F M U I F T G E
H U S P I E R S T A U D E V G A T S Y
J H M N R O Z W Q B Y F Z E O S L Q P
F S H C J H I M D O Q D D Y Q E V K K
O Z Z I S S B E L I H N X M U Z Y E F
N S E L S U X Z N S V T Y H R A M M T
N D J G L J S W A M V F R S O W F U U
Y U J N P C E N X S B E G X F B E L H
D F Q V N N S Y Q N B P Y S T D A B R
K T O D F F C E O R T P C U V H N E G
L N E J N I H E O F B A E E D W E G N
N E I P E Z A A L P J R M H U O M K I
N S W K D C F I Z K K T X S N M T C F
V S L S O N N E N R O E S C H E N O F
K E P K B H F T E V U F S Q T Z F L H
N L C F S T A I Z D F X G X X H B G L
W P S V O G E T U H N E N N O S A J N
G N H K L L E S O R T S G N I F P P Z
S P A I H G Y X S R R Q E A V B A O R
I G L C P R A C H T S P I E R E H O T
S I S X H L K V N G Y B N X L C R M I
E C V S T O C K R O S E I R W E T W C
C I Q W X Y N E S S I K U A L B Q Y A
```

```
Q M G P N J H A L O S Z Y W I I C P L
M G V S N R F Q O X K E L J F I P J V
X B A B S P X Q M A L V O O G J E I X
S A F R A N K R O K U S U R T B M V E
A W H L R M P A B X R E Z N Y A U V S
I G V C O G G B S C G X E T V T L Y R
D V T Q Y C I O G S I R H S M X B G F
N Y T A T C H X H F I D E I Q E N R U
Y E R Q C E R W F N S Y T N S N E Y C
O W H A O U I M E X J U I O E P F C H
C G M C T M W L D M E E L Y N J I X S
C Z J T K L G E I Q C T O R F W E B I
F H W A C C N A R L I D E U U S L S E
C U U V D M E J K E E T I N K S H M R
Y T L W K E C O Z T S I D X D I C M D
A B D V R D E T L H Q E R W E R S D Q
L B S U N E S S C G R F E E M I R O W
E Q H P Y B E L E B E S Y O A A N R C
O K R K R C I N L E J E Z J U R E O E
P W D E F M Y U H B H H N S F X P R I
C W H V Q J M O F V K L Q H S W U K G
X A F D E E L D R N L V A N C M E Q I
Y M R R L W R Y M I X L D Z C S F W M
N V O B L Q H O H D T G F K S D K K T
```

8

Zwiebelblumen

FUCHSIE
SCHNEEGLOECKCHEN
HERBSTZEITLOSE
MILCHSTERN
PRAERIELILIE

SCHLEIFENBLUME
SAFRANKROKUS
NERINE
WUNDERBLUME
IRIS

17

Lösung

```
Q M G P N J H A L O S Z Y W I I C P L
M G V S N R F Q O X K E L J F I P J V
X B A B S P X Q M A L V O O G J E I X
S A F R A N K R O K U S U R T B M V E
A W H L R M P A B X R E Z N Y A U V S
I G V C O G G B S C G X E T V T L Y R
D V T Q Y C I O G S I R H S M X B G F
N Y T A T C H X H F I D E I Q E N R U
Y E R Q C E R W F N S Y T N S N E Y C
O W H A O U I M E X J U I O E P F C H
C G M C T M W L D M E E L Y N J I X S
C Z J T K L G E I Q C T O R F W E B I
F H W A C C N A R L I D E U U S L S E
C U U V D M E J K E E T I N K S H M R
Y T L W K E C O Z T S I D X D I C M D
A B D V R D E T L H Q E R W E R S D Q
L B S U N E S S C G R F E E M I R O W
E Q H P Y B E L E B E S Y O A A N R C
O K R K R C I N L E J E Z J U R E O E
P W D E F M Y U H B H H N S F X P R I
C W H V Q J M O F V K L Q H S W U K G
X A F D E E L D R N L V A N C M E Q I
Y M R R L W R Y M I X L D Z C S F W M
N V O B L Q H O H D T G F K S D K K T
```

```
D K C X J P U L W Q X V V T X W P Y I
P V T I S G K M M G H O S N A S M R E
S C H A C H B R E T T B L U M E R E O
H Q K R I Y Z E R F O O B N Y B N T V
K N H T U K Z I U Q H C L Y W E E S R
Q Y R B D G Z A S T Q E T C X O H A B
R I V C M W H A Y W N Q P X Y R T L D
Z Y Z O V O G B M A U O I L U R N H X
F Q A C T O S H I D Q J Z T U F I A C
D U A Q M B A Z E Z I P K H L T Z R A
O R H H B U N F I G L D E Y Q R A T G
V F O C J E D H L U K B L A J V Y S A
X O E C V E O Z A B N Q E Z D Q H N L
N N Z V S V P R V G X F F I G Z N I L
P S Y P X I A C E R F V P N L P E E K
H O I E E W E X L C D A T T Q G B F G
Y E G I R G B D L M A X R H G B U Y X
S S V D B S Q Z E V Y I U E V E A J D
G F W O N L N M B O C S E N T M R I B
Q B L X O S I S K U Q T A M A L T Z V
Q Z P N D G V G E W N L E M I R P H Y
Q A D S L S B Q P Y H Y A Z I N T H E
X H B G N I L R E T N I W I C V Z B F
W Z G Q P E A J S L F O T B S Y H B I
```

9

Zwiebelblumen

BELLEVALIE
SCHACHBRETTBLUME
HYAZINTHEN
WINTERLING
FEINSTRAHLASTER

ENZIAN
PRIMELN
TULPE
TRAUBENHYAZINTHE
HYAZINTHE

Lösung

D	K	C	X	J	P	U	L	W	Q	X	V	V	T	X	W	P	Y	I
P	V	T	I	S	G	K	M	M	G	H	O	S	N	A	S	M	R	E
S	C	H	A	C	H	B	R	E	T	T	B	L	U	M	E	R	E	O
H	Q	K	R	I	Y	Z	E	R	F	O	O	B	N	Y	B	N	T	V
K	N	H	T	U	K	Z	I	U	Q	H	C	L	Y	W	E	E	S	R
Q	Y	R	B	D	G	Z	A	S	T	Q	E	T	C	X	O	H	A	B
R	I	V	C	M	W	H	A	Y	W	N	Q	P	X	Y	R	T	L	D
Z	Y	Z	O	V	O	G	B	M	A	U	O	I	L	U	R	N	H	X
F	Q	A	C	T	O	S	H	I	D	Q	J	Z	T	U	F	I	A	C
D	U	A	Q	M	B	A	Z	E	Z	I	P	K	H	L	T	Z	R	A
O	R	H	H	B	U	N	F	I	G	L	D	E	Y	Q	R	A	T	G
V	F	O	C	J	E	D	H	L	U	K	B	L	A	J	V	Y	S	A
X	O	E	C	V	E	O	Z	A	B	N	Q	E	Z	D	Q	H	N	L
N	N	Z	S	V	P	R	V	G	X	F	F	I	G	Z	N	I	E	L
P	S	Y	P	X	I	A	C	E	R	F	V	P	N	L	P	E	E	K
H	O	I	E	E	W	E	X	L	C	D	A	T	T	Q	G	B	F	G
Y	E	G	I	R	G	B	D	L	M	A	X	R	H	G	B	U	Y	X
S	S	V	D	B	S	Q	Z	E	V	Y	I	U	E	V	E	A	J	D
G	F	W	O	N	L	N	M	B	O	C	S	E	N	T	M	R	I	B
Q	B	L	X	O	S	I	S	K	U	Q	T	A	M	A	L	T	Z	V
Q	Z	P	N	D	G	V	G	E	W	N	L	E	M	I	R	P	H	Y
Q	A	D	S	L	S	B	Q	P	Y	H	Y	A	Z	I	N	T	H	E
X	H	B	G	N	I	L	R	E	T	N	I	W	I	C	V	Z	B	F
W	Z	G	Q	P	E	A	J	S	L	F	O	T	B	S	Y	H	B	I

```
N L W K G O L D P N T H G Y G Y G V T
E F B F K N T E S R N N J Q F G Z H I
H E K B E L A D R J S V H H P D Q Z W
C V X P Z I M E C C S A Y O A H X A Y
K T A B X N O C Q V H L Y T Q H I C O
C P K Q N E F C U N S E T G L T H I O
E N U H E H D A D K K K N E V T U K E
O Y G U H C L I P L P F Y S Q B L P P
L P E J C S D C V R A Z A P P S H Y U
G E L H M E F H I C H Z T E T O N S K
N I L F E O B J C V K K I Z H X R B N
E L A A U R I Y B L E G J D C U G N D
S I U L L D B E E R T S L U V S P H X
A L C D B N A S E B P B Q H J V Z B L
H N H C R I B P T I P Y S T G T N A M
O E H O E W Q Y M K P S N Q M O A I X
Z K N S B H W S A A R U C Y Z G L X J
Z A C F E C B T L W L O J R Q J G P O
E H G W L S K X V F W G K O Z J E J G
K E J D V U C L E D F M M U M O E X E
I R E S E B T L X F J O V S S M N H G
E M Y B F M J O V P M V J Q O V H J C
G W T E N R F C M B Q A W W B P C R M
M E Q N A R Z I S S E U T D R B S W J
```

10

Zwiebelblumen

HAKENLILIE
SCHNEEGLANZ
KUGELLAUCH
LEBERBLUEMCHEN
MALVE

HERBSTKROKUS
HASENGLOECKCHEN
BUSCHWINDROESCHEN
NARZISSE
LERCHENSPORN

Lösung

```
N L W K G O L D P N T H G Y G Y G V T
E F B F K N T E S R N N J Q F G Z H I
H E K B E L A D R J S V H H P D Q Z W
C V X P Z I M E C C S A Y O A H X A Y
K T A B X N O C Q V H L Y T Q H I C O
C P K Q N E F C U N S E T G L T H I O
E N U H E H D A D K K K N E V T U K E
O Y G U H C L I P L P F Y S Q B L P P
L P E J C S D C V R A Z A P P S H Y U
G E L H M E F H I C H Z T E T O N S K
N I F E O B J C V K K I Z H X R B N
E L A U R I Y B L E G J D C U G N D
S I U L L D B E E R T S L U V S P H X
A L C D B N A S E B P B Q H J V Z B L
H N H C R I B P T I P Y S T G T N A M
O E H O E W Q Y M K P S N Q M O A I X
Z K N S B H W S A A R U C Y Z G L X J
Z A C F E C B T L W L O J R Q J G P O
E H G W L S K X V F W G K O Z J E J G
K E J D V U C L E D F M M U M O E X E
I R E S E B T L X F J O V S S M N H G
E M Y B F M J O V P M V J Q O V H J C
G W T E N R F C M B Q A W V B P C R M
M E Q N A R Z I S S E U T D R B S W J
```

F	Y	T	C	W	P	W	E	L	A	G	N	G	B	V	A	P	Z	R
E	N	R	F	V	P	Z	M	S	N	M	Q	J	V	C	R	W	M	Y
C	Q	J	K	S	Q	H	V	D	P	M	N	A	O	J	D	F	P	W
A	S	N	B	M	T	W	J	A	D	L	A	E	V	W	P	B	U	G
G	N	M	D	N	A	U	Z	S	Z	W	Y	T	N	U	S	E	F	J
S	G	B	H	S	V	B	J	P	G	D	M	K	F	U	U	Z	V	G
P	S	L	K	Z	T	N	J	C	P	E	S	V	X	K	V	R	L	J
W	E	U	M	O	Q	H	B	H	M	M	H	J	A	N	J	E	N	U
T	H	M	C	J	B	P	P	T	G	U	P	M	Y	J	A	K	E	K
B	T	Z	M	P	S	I	T	L	U	L	X	Q	S	L	Y	T	I	L
S	N	D	W	K	T	R	C	X	R	B	W	W	O	C	E	H	L	P
U	I	Y	Y	V	E	I	D	A	X	N	R	M	U	Q	F	C	I	B
K	Z	C	E	V	P	W	E	D	M	R	S	C	T	V	Y	A	L	P
O	A	I	T	M	P	Y	Q	G	V	E	K	Q	H	G	L	N	L	D
R	Y	S	I	O	E	N	K	O	I	T	Z	Y	R	E	X	M	E	T
K	H	E	F	V	N	O	C	Y	W	S	H	E	N	N	X	R	K	X
H	P	H	V	T	K	N	C	X	Z	F	O	Z	K	J	K	X	C	W
U	A	K	P	F	E	W	O	G	A	E	R	S	O	P	E	G	A	I
I	K	O	A	D	R	T	B	A	Y	O	M	G	F	B	R	B	F	S
W	L	F	Y	N	Z	T	K	G	S	Q	B	F	X	L	J	G	S	A
P	R	N	X	U	E	M	U	E	E	S	O	R	E	B	U	T	B	U
H	U	C	Z	E	U	Z	C	G	H	L	F	V	T	M	P	Z	I	T
Y	U	A	Z	B	Q	O	F	T	R	H	M	G	R	P	T	S	R	H
K	E	I	L	O	I	D	A	L	G	N	E	I	L	I	L	X	G	J

Zwiebelblumen

KAPHYAZINTHE
GLADIOLIE
FACKELLILIE
NACHTKERZE
STERNBLUME

KROKUS
TUBEROSE
LENZROSE
LILIE
STEPPENKERZE

F	Y	T	C	W	P	W	E	L	A	G	N	G	B	V	A	P	Z	R
E	N	R	F	V	P	Z	M	S	N	M	Q	J	V	C	R	W	M	Y
C	Q	J	K	S	Q	H	V	D	P	M	N	A	O	J	D	F	P	W
A	S	N	B	M	T	W	J	A	D	L	A	E	V	W	P	B	U	G
G	N	M	D	N	A	U	Z	S	Z	W	Y	T	N	U	S	E	F	J
S	G	B	H	S	V	B	J	P	G	D	M	K	F	U	U	Z	V	G
P	S	L	K	Z	T	N	J	C	P	E	S	V	X	K	V	R	L	J
W	E	U	M	O	Q	H	B	H	M	M	H	J	A	N	J	E	N	U
T	H	M	C	J	B	P	P	T	G	U	P	M	Y	J	A	K	E	K
B	T	Z	M	P	S	I	T	L	U	L	X	Q	S	L	Y	T	I	L
S	N	D	W	K	T	R	C	X	R	B	W	W	O	C	E	H	L	P
U	I	Y	Y	V	E	I	D	A	X	N	R	M	U	Q	F	C	I	B
K	Z	C	E	P	W	E	D	M	R	S	C	T	V	Y	A	L	P
O	A	I	T	M	P	Y	Q	G	V	E	K	Q	H	G	L	N	L	D
R	Y	S	I	O	E	N	K	O	I	T	Z	Y	R	E	X	M	E	T
K	H	E	F	N	O	C	Y	W	S	H	E	N	N	X	R	K	X
H	P	H	V	T	K	N	C	X	Z	F	O	Z	K	J	K	X	W
U	A	K	P	F	E	W	O	G	A	E	R	S	O	P	E	G	A	I
I	K	O	A	D	R	T	B	A	Y	O	M	G	F	B	R	B	F
W	L	F	Y	N	Z	T	K	G	S	Q	B	X	K	L	J	G	S	A
P	R	N	X	U	E	M	U	E	E	S	O	R	E	B	U	T	B	U
H	U	C	Z	E	U	Z	C	G	H	L	F	V	T	M	P	Z	I	T
Y	U	A	Z	B	Q	O	F	T	R	H	M	G	R	P	T	S	R	H
K	E	I	L	O	I	D	A	L	G	N	E	I	L	I	L	X	G	J

```
K A I S E R K R O N E X T B B N J N N
L U P I N E D A T O I Y E J P P A C U
W G W E K K O X M O H P I Z I S W A T
D O C G F H W D Z U U V N M Q I F W R
W E D E H X O M N U S G A J F E M R Z
P O M O O T P D R T V R E H I A O W U
K C T U J P S R Y R G W O L E C Q H G
J G P R L Z P I T E Y E H R E P W O Z
I W H B A B P N R L P A Z Y N U B N K
H B T H Z G N I U R D E B W O S Y O E
V B N B I Z T E W M N T Z W M C G J J
K B N H Q E V D D B F G X W E H D L I
W N G I N V J A E R D V I B N K P J L
J F O G V N R C J Y A S F A A I N F B
B T L K V J H I J Z S K M K S N O G Q
K B D R M E F G J E N M O A G I S W M
W S K B R M V U V P U V L K N E B N E
W L R C D E H K W O U J P S I J N V S
W S O V S C N I S S E X A U L D D L E
B G K M P I W B E X U E P S H S M I U
I S U N C J P Y I I O D C C E W W A M
L C S R J C Q B X I E Q N B U Y B X P
P X X B G I F S C I L G L B R Y U G I
O O I Q R A F R I O K K L P F E V Z E
```

12

Zwiebelblumen

MARGERITE
DAHLIE
GOLDKROKUS
MAERZENBECHER
LUPINE

KOKARDENBLUME
PUSCHKINIE
HUNDSZAHN
KAISERKRONE
FRUEHLINGSANEMONE

Lösung

```
K  A  I  S  E  R  K  R  O  N  E  X  T  B  B  N  J  N  N
L  U  P  I  N  E  D  A  T  O  I  Y  E  J  P  P  A  C  U
W  G  W  E  K  K  O  X  M  O  H  P  I  Z  I  S  W  A  T
D  O  C  G  F  H  W  D  Z  U  U  V  N  M  Q  I  F  W  R
W  E  D  E  H  X  O  M  N  U  S  G  A  J  F  E  M  R  Z
P  O  M  O  O  T  P  D  R  T  V  R  E  H  I  A  O  U
K  C  T  U  J  P  S  R  Y  R  G  W  O  L  E  C  Q  H  G
J  G  P  R  L  Z  P  I  T  E  Y  E  H  R  E  P  W  O  Z
I  W  H  A  B  P  N  R  L  P  A  Z  Y  N  U  B  N  K
H  B  T  H  Z  G  N  I  U  R  D  E  B  W  O  S  Y  O  E
V  B  N  B  I  Z  T  E  W  M  N  T  Z  W  M  C  G  J  J
K  B  N  H  Q  E  V  D  D  B  F  G  X  W  E  H  D  L  I
W  N  G  I  N  V  J  A  E  R  D  V  I  B  N  K  P  J  L
J  F  O  G  V  N  R  C  J  Y  A  S  F  A  A  I  N  F  B
B  T  L  K  V  J  H  I  J  Z  S  K  M  K  S  N  O  G  Q
K  B  D  R  M  E  F  G  J  E  N  M  O  A  G  I  S  W  M
W  S  K  B  R  M  V  U  V  P  U  V  L  K  N  E  B  N  E
W  L  R  C  D  E  H  K  W  O  U  J  P  S  I  J  N  V  S
W  S  O  V  S  C  N  I  S  S  E  X  A  U  L  D  D  L  E
B  G  K  M  P  I  W  B  E  X  U  E  P  S  H  S  M  I  U
I  S  U  N  C  J  P  Y  I  I  O  D  C  C  E  W  W  A  M
L  C  S  R  J  C  Q  B  X  I  E  Q  N  B  U  Y  B  X  P
P  X  X  B  G  I  F  S  C  I  L  G  L  B  R  Y  U  G  I
O  O  I  Q  R  A  F  R  I  O  K  K  L  P  F  E  V  Z  E
```

```
V Q G U G A O E L L I M A K E T H C E
V H M R D B I E N E N F R E U N D Q H
W X H C N L N O N C M Z I Z N K V I H
S K F T C R B F N B E S Z X I A J O I
V A A P L S R Z A Z E C U E U M C H W
E N C Z O C H I T B U H G H O W Y T G
N Z J N N W Y R T Q D O T E K K H L F
U M U Q W O R V E E Z E U F G N F A S
S P V X H I S Y R R X T H F X W D B G
S D X R M X E X N W M E S M N V U O V
P R D K K N H Y K X S R Y H W E V X W
I L B P D V R V O U Y I M E U C W N B
E F P Y O K K F P U F C Y C X V O B X
G S U Q U Y S P F X T H R H G C A H V
E K O R N B L U M E G P D G Q U Y Z O
L C U V G D W O L O P J N H C Z U E B
C F Q Z U A K F Y K D A R D Y I S W C
B L I C H T N E L K E V D X V U E Q W
Z U Z I Z A U N R U E B E Q S L I F W
B Y O Q N N T Y H K I C T A A F E M S
S T U A R K S T H C I B A H Q S V R M
I D B G O T Q W B S F Y T J D Z T C K
B K U R R H P D Q B S C Z Q C R T U D
P F M X Z E V E T R A W G E W E P Y U
```

Wildblumen

HABICHTSKRAUT
NATTERNKOPF
LICHTNELKE
ECHTEKAMILLE
SCHOETERICH

KORNBLUME
ZAUNRUEBE
WEGWARTE
VENUSSPIEGEL
BIENENFREUND

Lösung

```
V  Q  G  U  G  A  O  E  L  L  I  M  A  K  E  T  H  C  E
V  H  M  R  D  B  I  E  N  E  N  F  R  E  U  N  D  Q  H
W  X  H  C  N  L  N  O  N  C  M  Z  I  Z  N  K  V  I  H
S  K  F  T  C  R  B  F  N  B  E  S  Z  X  I  A  J  O  I
V  A  A  P  L  S  R  Z  A  Z  E  C  U  E  U  M  C  H  W
E  N  C  Z  O  C  H  I  T  B  U  H  G  H  O  W  Y  T  G
N  Z  J  N  N  W  Y  R  T  Q  D  O  T  E  K  K  H  L  F
U  M  U  Q  W  O  R  V  E  E  Z  E  U  F  G  N  F  A  S
S  P  V  X  H  I  S  Y  R  R  X  T  H  F  X  W  D  B  G
S  D  X  R  M  X  E  X  N  W  M  E  S  M  N  V  U  O  V
P  R  D  K  K  N  H  Y  K  X  S  R  Y  H  W  E  V  X  W
I  L  B  P  D  V  R  V  O  U  Y  I  M  E  U  C  W  N  B
E  F  P  Y  O  K  K  K  P  U  F  C  Y  C  X  V  O  B  X
G  S  U  Q  U  Y  S  P  F  X  T  H  R  H  G  C  A  H  V
E  K  O  R  N  B  L  U  M  E  G  P  D  G  Q  U  Y  Z  O
L  C  U  V  G  D  W  O  L  O  P  J  N  H  C  Z  U  E  B
C  F  Q  Z  U  A  K  F  Y  K  D  A  R  D  Y  I  S  W  C
B  L  I  C  H  T  N  E  L  K  E  V  D  X  V  U  E  Q  W
Z  U  Z  I  Z  A  U  N  R  U  E  B  E  Q  S  L  I  F  W
B  Y  O  Q  N  N  T  Y  H  K  I  C  T  A  A  F  E  M  S
S  T  U  A  R  K  S  T  H  C  I  B  A  H  Q  E  U  R  M
I  D  B  G  O  T  Q  W  B  S  F  Y  T  J  D  Z  T  C  K
B  K  U  R  R  H  P  D  Q  B  S  C  Z  Q  C  R  T  U  D
P  F  M  X  Z  E  V  E  T  R  A  W  G  E  W  E  P  Y  U
```

S	W	N	I	C	K	E	N	D	E	D	I	S	T	E	L	Q	G	S
J	V	W	M	A	R	X	C	K	C	L	G	C	P	C	W	N	P	R
W	Y	H	I	N	C	V	Y	I	D	I	Q	U	Z	U	I	A	E	K
Y	H	Z	M	G	C	V	V	B	F	X	O	G	Q	X	L	G	T	N
E	G	U	A	N	E	S	H	C	O	Q	Y	A	A	G	N	M	C	T
O	H	V	F	H	B	S	G	B	G	G	V	E	M	U	A	S	R	F
D	J	V	Z	N	L	C	Q	D	X	R	L	N	Z	E	M	I	C	D
E	G	H	U	B	S	H	D	A	Q	Y	H	S	D	C	F	L	G	N
K	M	S	H	Y	T	O	W	P	E	S	D	E	A	L	L	A	E	A
S	U	E	U	G	R	E	W	X	G	N	S	B	Z	O	U	N	W	C
W	Z	E	S	I	A	L	R	T	U	U	G	L	S	N	U	R	V	H
M	I	I	P	O	H	L	J	H	E	F	O	U	U	C	V	E	O	T
X	Q	Z	A	E	L	K	C	S	E	W	I	E	I	V	W	V	S	V
U	I	G	P	Y	E	R	S	G	I	N	A	M	M	A	G	S	B	I
Y	H	C	H	S	N	A	G	Q	W	C	K	C	J	E	Q	I	N	O
S	E	A	W	V	D	U	B	H	E	M	V	H	W	J	U	N	U	L
G	M	X	P	N	O	T	G	T	F	N	Z	E	W	I	I	O	O	E
C	X	J	C	C	L	D	B	P	J	X	L	N	K	M	M	D	E	L
U	I	V	T	V	D	K	A	D	U	A	M	B	I	S	K	A	F	J
Z	B	Y	W	Z	E	Y	O	O	D	O	R	H	E	O	F	Y	P	B
C	R	V	E	S	R	T	Q	K	S	J	U	M	H	M	O	B	I	D
E	M	U	L	B	N	E	K	C	O	L	F	B	D	M	O	K	V	B
S	S	A	O	L	T	R	I	U	B	N	K	X	R	L	L	Z	F	Y
G	B	P	P	A	L	Q	X	R	O	O	E	Q	H	P	L	C	T	Q

14

Wildblumen

STRAHLENDOLDE
NACHTVIOLE
OCHSENAUGE
MAEDESUESS
ADONISVERNALIS

SCHOELLKRAUT
NICKENDEDISTEL
FLOCKENBLUME
GAENSEBLUEMCHEN
HUNDSZUNGE

Lösung

```
S  W (N  I  C  K  E  N  D  E  D  I  S  T  E  L) Q  G  S
J  V  W  M  A  R  X  C  K  C  L  G  C  P  C  W  N  P  R
W  Y  H  I  N  C  V  Y  I  D  I  Q  U  Z  U  I  A  E  K
Y  H  Z  M  G  C  V  V  B  F  X  O (G) Q  X  L  G  T  N
(E  G  U  A  N  E  S  H  C  O) Q  Y  A  A  G  N  M  C  T
O  H  V  F  H  B (S) G  B  G  G  V  E  M  U  A (S) R  F
D  J  V  Z  N  L  C  Q  D  X  R  L  N  Z  E  M  I  C  D
E  G  H  U  B (S) H  D  A  Q  Y  H  S  D  C  F  L  G (N)
K  M  S  H  Y  T  O  W  P  E  S  D  E  A  L  L  A  E  A
S  U  E  U  G  R  E  W  X  G  N  S  B  Z  O  U  N  W  C
W  Z  E  S  I  A  L  R  T  U  U  G  L  S  N  U  R  V  H
M  I  I  P  O  H  L  J (H) E  F  O  U  U  C  V  E  O  T
X  Q  Z  A  E  L  K  C  S  E  W  I  E  I  V  W  S  V  V
U  I  G  P  Y  E  R (S  G  I  N  A  M  M  A  G  S  B  I
Y  H  C  H  S  N  A  G  Q  W  C  K  C  J  E  Q  I  N  O
S  E  A  W  V  D  U  B  H  E  M  W  H  W  J  U  N  U  L
G  M  X  P  N  O (T) G  T  F  N  Z  E  W  I  I  O  O  E
C  X  J  C  C  L  D  B  P  J  X  L  N  K  M  M  D  E  L
U  I  V  T  V  D  K  A  D  U  A  M  B  I  S  K  A  F  J
Z  B  Y  W  Z (E) Y  O  O  D  O  R  H  E  O  F  Y  P  B
C  R  V  E  S  R  T  Q  K  S  J  U  M  H  M  O  B  I  D
(E  M  U  L  B  N  E  K  C  O  L  F) B  D  M  O  K  V  B
S  S  A  O  L  T  R  I  U  B  N  K  X  L  L  Z  F  Y
G  B  P  P  A  L  Q  X  R  O  O  E  Q  H  P  L  C  T  Q
```

```
E T K G E B Q L W S H I Z L F X Q F A
M C Y G H Y R H F V K Q O F Y E C P T
U V V Y T F T H T N P X V Y N M G R E
L P Z Z N L N O W F Y D L A O U Y O X
B A R D I S E E R O S E Z Z P L D S E
R P H G Z E V O O Y U E D J Q B W E X
E J F J A H N W Y P N Q X Q D N M N H
T V J H Y G T N W J L F B C I E D P E
T M Y A H S N Z A U B Z T J E N Z R C
O G V Z R U G H U K R Z K S N A V I H
D C O H E M E G C Y E Z O U G W X M T
F F Z G S P L C D E F E O Q F H H E K
P C T M S F B J D S H P S F M C T L R
M J A M A C E D X N L Y Q L U S O Z A
U F O P W A T T A I X R K Z F K L I U
S C K M U L E X B B T T S G F V N V T
W L E B T L I R W N H D S A G G P L G
N S Y K B A C I W E X V D K C Z L H N
D K P S K G H W L M B E H B V K P G G
J N R Z V J R F M U J L Y E D G S U O
R Y L A K N O A A L K M N R R G D S X
W Y U X V X S D Q B G X B S K K X M M
J A W E C K E Z S I P Z F M Q P H K I
I X S M F A J J Y F X N Q A O B R N J
```

Teichblumen

SEEROSE
HECHTKRAUT
SUMPFDOTTERBLUME
BLUMENBINSE
SUMPFCALLA

SCHWANENBLUME
GELBETEICHROSE
ROSENPRIMEL
WASSERHYAZINTHE
SEEKANNE

Lösung

E	T	K	G	E	B	Q	L	W	S	H	I	Z	L	F	X	Q	F	A
M	C	Y	G	H	Y	R	H	F	V	K	Q	O	F	Y	E	C	P	T
U	V	V	Y	T	F	T	H	T	N	P	X	V	Y	N	M	G	R	E
L	P	Z	Z	N	L	N	O	W	F	Y	D	L	A	O	U	Y	O	X
B	A	R	D	I	S	E	E	R	O	S	E	Z	Z	P	L	D	S	E
R	P	H	G	Z	E	V	O	O	Y	U	E	D	J	Q	B	W	E	X
E	J	F	J	A	H	N	W	Y	P	N	Q	X	Q	D	N	M	N	H
T	V	J	H	Y	G	T	N	W	J	L	F	B	C	I	E	D	E	
T	M	Y	A	H	S	N	Z	A	U	B	Z	T	J	E	N	Z	R	C
O	G	V	Z	R	U	G	H	U	K	R	Z	K	S	N	A	V	I	H
D	C	O	H	E	M	E	G	C	Y	E	Z	O	U	G	W	X	M	T
F	F	Z	G	S	P	L	C	D	E	F	E	O	Q	F	H	H	E	K
P	C	T	M	S	F	B	J	D	S	H	P	S	F	M	C	T	L	R
M	J	A	M	A	C	E	D	X	N	L	Y	Q	L	U	S	O	Z	A
U	F	O	P	W	A	T	T	A	I	X	R	K	Z	F	K	L	I	U
S	C	K	M	U	L	E	X	B	B	T	T	S	G	F	V	N	V	T
W	L	E	B	T	L	I	R	W	N	H	D	S	A	G	G	P	L	G
N	S	Y	K	B	A	C	I	W	E	X	V	D	K	C	Z	L	H	N
D	K	P	S	K	G	H	W	L	M	B	E	H	D	B	V	K	P	G
J	N	R	Z	V	J	R	F	M	U	J	L	Y	E	D	G	S	U	O
R	Y	L	A	K	N	O	A	A	L	K	M	N	R	R	G	O	S	X
W	Y	U	X	V	X	S	D	Q	B	G	X	B	S	K	K	X	M	M
J	A	W	E	C	K	E	Z	S	I	P	Z	F	M	Q	P	H	K	I
I	X	S	M	F	A	J	J	Y	F	X	N	Q	A	O	B	R	N	J

C	N	I	Q	A	P	Z	G	W	X	B	Z	L	R	N	T	P	U	X
F	X	H	L	I	R	T	D	N	Z	G	C	I	I	M	Q	S	F	E
R	U	Y	J	X	I	M	Q	E	C	E	K	I	P	N	A	R	E	U
G	Y	D	R	Q	L	A	H	H	R	P	B	W	J	W	D	Y	O	B
Q	V	U	P	U	D	A	A	C	Y	E	F	G	T	Y	V	C	A	U
R	V	K	A	Z	X	E	R	K	M	L	R	V	R	V	E	E	R	K
R	G	S	E	G	A	I	E	C	S	C	M	X	N	I	N	P	U	U
P	C	P	Y	A	V	N	Z	E	A	I	P	E	H	F	T	G	I	C
Z	Y	C	O	J	Z	B	T	O	H	Y	A	E	A	U	S	W	U	P
X	I	I	G	H	N	L	U	L	Y	D	V	M	B	W	S	W	F	E
F	Z	S	K	J	T	A	P	G	D	N	J	U	X	L	T	J	Q	L
I	A	O	M	X	H	T	N	U	I	R	E	L	T	Q	E	S	A	F
G	B	T	W	V	C	T	E	A	K	C	D	B	U	L	R	L	W	N
P	O	N	H	I	U	T	F	L	Y	M	H	T	E	Q	N	J	M	A
J	B	L	H	W	R	A	I	B	G	V	F	U	C	F	W	F	W	J
D	K	Y	W	N	F	B	E	G	L	S	U	L	L	L	C	H	U	I
U	R	J	J	K	H	X	F	K	A	S	S	B	G	X	U	Y	Q	Q
Z	Q	A	J	X	E	U	P	M	E	T	F	E	J	L	M	U	D	I
P	M	H	R	V	R	V	D	C	C	J	W	T	W	S	I	J	Z	R
V	O	Z	F	Z	D	K	A	L	L	A	Q	Y	F	I	T	P	R	Q
H	R	E	Z	T	U	P	N	E	H	C	S	A	L	F	A	H	L	Q
K	M	Y	G	U	D	F	B	O	J	A	B	Z	Q	R	B	E	V	A
O	Z	C	W	I	P	V	T	A	P	I	R	B	L	U	M	E	Y	Q
F	V	M	T	O	M	B	E	E	D	I	H	C	R	O	J	S	H	X

16

Zimmerblumen

DREHFRUCHT
FLASCHENPUTZER
BLUTBLUME
ADVENTSSTERN
TAPIRBLUME

ORCHIDEE
PFEIFENPUTZER
BLAUGLOECKCHEN
KALLA
EINBLATT

Lösung

```
C N I Q A P Z G W X B Z L R N T P U X
F X H L I R T D N Z G C I I M Q S F E
R U Y J X I M Q E C E K I P N A R E U
G Y D R Q L A H H R P B W J W D Y O B
Q V U P U D A A C Y E F G T Y V C A U
R V K A Z X E R K M L R V R V E E R K
R G S E G A I E C S C M X N I N P U U
P C P Y A V N Z E A I P E H F T G I C
Z Y C O J Z B T O H Y A E A U S W U P
X I I G H N L U L Y D V M B W S W F E
F Z S K J T A P G D N J U X L T J Q L
I A O M X H T N U I R E L T Q E S A F
G B T W V C T E A K C D B U L R L W N
P O N H I U T F L Y M H T E Q N J M A
J B L H W R A I B G V F U C F W F W J
D K Y W N F B E G L S U L L L C H U I
U R J Z K H X F K A S S B G X U Y Q Q
Z Q A J X E U P M E T F E J L M U D I
P M H R V R V D C C J W T W S I J Z R
V O Z F Z D K A L L A Q Y F I T P R Q
H R E Z T U P N E H C S A L F A H L Q
K M Y G U D F B O J A B Z R B E V A
O Z C W I P V T A P I R B L U M E Y Q
F V M T O M B E E D I H C R O J S H X
```

```
X T D G U H T H Z O Y B A S J E N S Z
H U N M R Q P T Q V J S K L J U O V E
H L B V C K S I F S V E R Y T S F S B
T U Q A Y V O D M N D F Z X N D L W E
K E K M L L O K C E R C F N B N E E M
E R T H R M T R L S C Z V D Z J P I P
F V I K P W G L X B N F N B J S E H Z
A J W P F G I U A I U F B K K R I N H
O I J A D E S B M H B Q A Y T A V A E
N G T J S Q T S R J F H M E S T I C D
D F O C M A A J F U Z L I I S F L H M
U P H Y K J K X K T L L S Q P K T K
D E R G G I W G F O E L P H R F R S P
N G X I V G T B X M Y L S H B I E S Y
N E H C L I E V A R A B M A S U M T L
Y L M P K S G K A B F W E I Z V M E Y
V C H V N I I M Y Q I R D W D Q I R A
B S T J P F A A R D I S I E L C Z N S
I R Q T C U A B C G D S S L L F K G K
B B F D N E M E H T N A S Y R H C N M
D K G Q W E O W J H X E D L M J S M F
O W U B Y V D E Y C O J U R U E E Q S
N E H C L I E V N E P L A C Q R I K S
Z L X N A C W A X X Y T F J S H O D W
```

17

Zimmerblumen

WEIHNACHTSSTERN
JASMIN
CHRYSANTHEMEN
USAMBARAVEILCHEN
ALPENVEILCHEN

EDELLIESCHEN
ARDISIE
KAMELIE
AMARYLLIS
ZIMMERKLIVIE

Lösung

```
X T D G U H T H Z O Y B A S J E N S Z
H U N M R Q P T Q V J S K L J U O V E
H L B V C K S I F S V E R Y T S F S B
T U Q A Y V O D M N D F Z X N D L W E
K E K M L L O K C E R C F N B N E E M
E R T H R M T R L S C Z V D Z J P I P
F V I K P W G L X B N F N B J S E H Z
A J W P F G I U A I U F B K K R I N E
O I J A D E S B M H B Q A Y T A V A E
N G T J S Q T S R J F H M E S T I C D
D F O C M A A J F U Z L I I S F L H M
U P H Y K J K X K T L L L S Q P K T K
D E R G G I W G F O E L P H R F R S P
N G X I V G T B X M Y L S H B I E S Y
N E H C L I E V A R B M A S U M T L
Y L M P K S G K A B F W E I Z V M E Y
V C H V N I I M Y Q I R D W D Q I R A
B S T J P F A A R D I S I E L C Z N S
I R Q T C U A B C G D S S L L F K G K
B B F D N E M E H T N A S Y R H C N M
D K G Q W E O W D Y H X E D L M J S M F
O W U B Y V D E Y C O J U R U E E Q S
N E H C L I E V N E P L A C Q R I K S
Z L X N A C W A X X Y T F J S H O D W
```

```
E  Q  H  P  Z  A  C  Z  C  L  F  H  Z  W  P  C  Y  L  C
E  M  U  L  B  O  G  N  I  M  A  L  F  W  E  R  Y  I  O
G  O  T  V  E  V  I  Z  H  I  Y  Q  A  U  L  O  R  J  E
W  G  X  R  D  R  W  G  C  N  Q  C  N  V  C  G  A  Q  Z
G  A  Y  P  X  W  H  D  G  U  H  Q  E  Y  F  E  E  H  O
B  F  A  E  G  D  P  Z  Y  S  L  U  K  T  W  S  B  E  K
I  V  W  P  K  M  P  S  B  H  C  H  S  Q  N  U  E  N  I
I  P  K  U  W  Q  V  L  R  W  H  G  M  P  B  K  N  N  M
F  A  J  F  B  L  U  J  T  M  G  I  W  T  E  S  E  J  O
W  L  D  T  M  M  L  A  S  Z  M  Y  N  R  W  I  I  N  K
Y  Z  K  H  E  Y  E  N  N  O  E  T  E  W  W  B  D  I  X
P  J  Z  M  M  P  J  Y  S  R  Z  E  C  N  S  I  R  K  T
B  Y  V  N  X  B  X  E  P  B  E  L  L  M  C  H  A  Z  K
U  I  M  U  I  J  S  O  N  N  Z  T  K  A  C  L  G  U  A
X  Y  W  Y  H  Z  B  F  M  B  K  Z  S  I  Z  I  F  B  L
R  I  N  F  Y  A  N  X  R  P  K  U  Y  R  M  A  M  G  L
B  I  L  G  S  G  Y  O  T  Q  T  R  L  C  E  E  U  H  A
T  K  P  M  A  I  M  V  B  O  E  U  T  F  N  T  P  Q  K
G  E  J  J  T  E  F  J  D  Q  S  I  H  E  O  C  T  O  Y
R  L  C  U  L  D  U  O  Y  H  V  R  N  L  B  R  U  I  B
H  C  C  I  U  X  X  H  D  Z  Z  J  F  O  R  Q  P  M  R
U  F  E  C  V  C  R  K  I  K  E  S  L  B  G  A  Y  Z  Y
R  I  V  Z  O  R  H  F  W  N  O  G  G  K  U  E  C  J  Z
H  W  H  W  K  M  Z  J  Q  B  K  A  M  B  W  J  B  R  T
```

Zimmerblumen

WACHSBLUME
MIMOSE
RITTERSTERN
FLAMINGOBLUME
GARDIENE

HIBISKUS
AZALEE
BROMELIE
BEGONIE
KALLA

Lösung

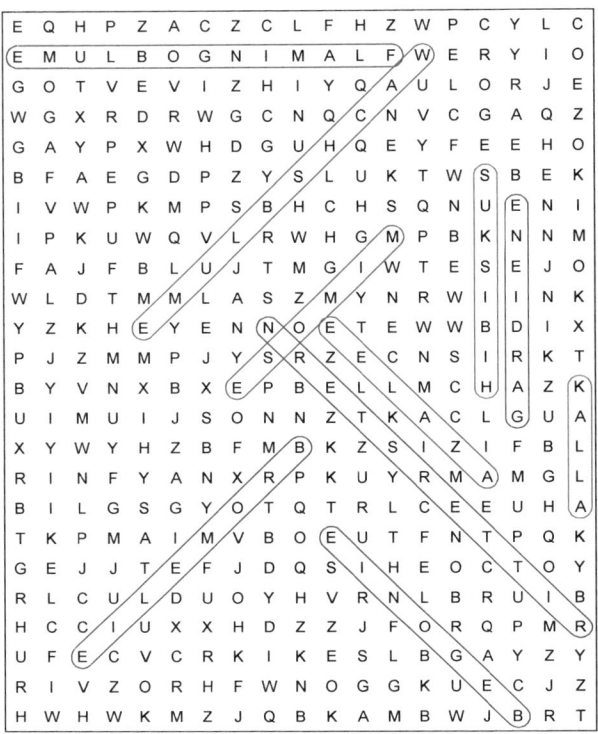

DAS

GARTEN

WORTSUCHRÄTSEL BUCH

```
T L Y C J F U W T O Y I M G K K E V O
H N N V G O L A K C W K S B T U G F F
M U E O O G C G B D W L U U S H Z V Y
L Z C D N Q Y W W H K E N C Y R O S V
N A R E I D R A T L C P F M D R O U Z
E Z S U N E T R A G N I E T S M M U F
R C L Y I M N T W J V X E Z W P Y V A
E N H O C P W H C H E X I T F G F U P
E X Y W H N U S C F H S P L H V C F R
B M Z D L N D F R S T U A Q G F L S V
S H T J R J E B P E K N U A U A B E D
I L A A E C R S R Q Z C P L N V R K Q
N F G J G H O N S U F Y E Z J P K N Q
N W Y F K A E P N A E N K U F L X L K
A N D O Q K A G R N R U D L R H W D P
H N I O T T X Z R Q E R A N E U N B H
O G H I H A I U Z B U N E D I I Z R Q
J V T J Q A W H E Y Z L X T A G V C W
C Q O M C S I L O A A L M F P H J W A
Q J M Y M N A G R V V C I F Q X K X J
T C M A N A Z B G U B T E T F M R R Y
V Z K U Y K E I V X J D O W L K G B N
Y C R B G I A P D G Y K V U X U X B V
J B H N T Y Y N H L B Y V C C R Y W K
```

1

ZURUECKSCHNEIDEN JOHANNISBEEREN

ANSAAT TEICHBAU

UMPFLANZUNG STEINGARTEN

PFLANZKUEBEL TERRASSENHOLZ

VERPFLANZARBEIT ZISTERNE

Lösung

```
T L Y C J F U W T O Y I M G K K E V O
H N N V G O L A K C W K S B T U G F F
M U E O O G C G B D W L U U S H Z V Y
L Z C D N Q Y W W H K E N C Y R O S V
N A R E I D R A T L C P F M D R O U Z
E Z S U N E T R A G N I E T S M M U F
R C L Y I M N T W J V X E Z W P Y V A
E N H O C P W H C H E X I T F G F U P
E X Y W H N U S C F H S P L H V C F R
B M Z D L N D F R S T U A Q G F L S V
S H T J R J E B P E K N U A U A B E D
I L A A E C R S R Q Z C P L N V R K Q
N F G J G H O N S U F Y E Z J P K N Q
N W Y F K A E P N A E N K U F L X L K
A N D O Q K A G R N R U D L R H W D P
H N I O T T X Z R Q E R A N E U N B H
O G H I H A I U Z B U N E D I I Z R Q
J V T J Q A W H E Y Z L X T A G V C W
C Q O M C S I L O A A L M F P H J W A
Q J M Y M N A G R V V C I F Q X K X J
T C M A N A Z B G U B T E T F M R R Y
V Z K U Y K E I V X J D O W L K G B N
Y C R B G I A P D G Y K V U X U X B V
J B H N T Y Y N H L B Y V C C R Y W K
```

```
D H H Y P V U E L N D P D E C W H N H
N N X G N O R C A R O L Y M O H A S P
I N A H K N I C O T V U O V M B K Y C
E Z N W W E W X A K Q M N V F G D T L
T C T N Z S M G T R R I T J T Z B L L
S O F A E T H K A H C W L I Y P M G E
K B T N L T U D G R S B E Y V G N Z
R X G V D P R H R J T K P M L D I U Z
E A E Y V Y L A C M S E Z Q V C J D H
W R H B P B P E G S T M N A K H H O K
N G O K S F B K I H T F Y B T J Q R A
O C E S N Z B S N P C H E H O W C U F
T H L H A Y N E K J S A C M A N D Y N
E D Z N K J P V P T O I D I V O S O Z
B I E Y O I Z Q O F L G Q X S L O A U
A R I U N P M N Y G L U H G O K B N I
O R B T I U C I E G E A L Y M M Q Z I
W P U L F N Q W G T A W N U X S S M W
K X D J E N D V L E C I U Z T O J B I
C K E C R F Z V N I Z I L P U K Q R V
V Z M U E O V Z Y K A I G S R N D Q R
X A X W N Z M P H B O Q Z E S D G N M
D A L W X H Y I Q B D X B O K I W E V
X S K N W L M B S Q T V H M A I K Q N
```

WEGLICHT

GARTENBONSAI

RODUNG

BETONWERKSTEIN

DACHGARTEN

BEPFLANZUNGEN

GEHOELZE

SPIELPLATZ

SICHTSCHUTZWAND

KONIFEREN

D	H	H	Y	P	V	U	E	L	N	D	P	D	E	C	W	H	N	H
N	N	X	G	N	O	R	C	A	R	O	L	Y	M	O	H	A	S	P
I	N	A	H	K	N	I	C	O	T	V	U	O	V	M	B	K	Y	C
E	Z	N	W	E	W	X	A	K	Q	M	N	V	F	G	D	T	L	L
T	C	T	N	Z	S	M	G	T	R	R	I	T	J	T	Z	B	L	L
S	O	F	A	E	T	H	K	A	H	C	W	L	I	Y	P	M	G	E
K	B	T	N	L	T	U	D	G	R	H	S	B	E	Y	V	G	N	Z
R	X	G	V	D	P	R	H	R	J	T	K	P	M	L	D	I	U	Z
E	A	E	Y	V	Y	L	A	C	M	S	E	Z	Q	V	C	J	D	H
W	R	H	B	P	B	P	E	G	S	T	M	N	A	K	H	H	O	K
N	G	O	K	S	F	B	K	I	H	T	F	Y	B	T	J	Q	R	A
O	C	E	S	N	Z	B	S	N	P	C	H	E	H	O	W	C	U	F
T	H	L	H	A	Y	N	E	K	J	S	A	C	M	A	N	D	Y	N
E	D	Z	N	K	J	P	V	P	T	O	I	D	I	V	O	S	O	Z
B	I	E	Y	O	I	Z	Q	O	F	L	G	Q	X	S	L	O	A	U
A	R	I	U	N	P	M	N	Y	G	L	U	H	G	O	K	B	N	I
O	R	B	T	I	U	C	I	E	G	E	A	L	Y	M	M	Q	Z	I
W	P	U	L	F	N	Q	W	G	T	A	W	N	U	X	S	S	M	W
K	X	D	J	E	N	D	V	L	E	C	I	U	Z	T	O	J	B	I
C	K	E	C	R	F	Z	V	N	I	Z	I	L	P	U	K	Q	R	V
V	Z	M	U	E	O	V	Z	Y	K	A	I	G	S	R	N	D	Q	R
X	A	X	W	N	Z	M	P	H	B	O	Q	Z	E	S	D	G	N	M
D	A	L	W	X	H	Y	I	Q	B	D	X	B	O	K	I	W	E	V
X	S	K	N	W	L	M	B	S	Q	T	V	H	M	A	I	K	Q	N

```
O F X X N A M X Z D J G G V N T N I D
A U H C U A R T S R E E B M I H A H M
T C G M S K E Q T V K D V O V P T N W
F S A C M G B R B Y I E F A A R U K Q
D N B G Q Y L I D P R J L T R I R W B
S S F L E K T J F A T O M O M J S T G
J O A Y T J P G D O R G P Q X H T B S
B N L V E P T S D I X B B C E P E J J
M V L G A N I I I J B X E N X T I H O
D D B L R M M D I E K K I I W P N C K
O P E V E Y O C Q U K E Y F T N Z R P
M M H O G B A Z T F T S H Y E E L U D
H B A K L W H S N S B R R Z H R N R E
C X E F E M Q G L H E V D X K W F U V
U F L N I H A E Y B J C Y W N A F Q F
A Y T J P K S X Z R K H L N V J A Y F
R N E S S E G L O F V E V A M H P R M
T X R P I N E R E I S I L A G E O Q V
S Z K K Q S F Z Z L P B C A C U T T B
N K Y T N N Q O Z Q P Q R A N Q O V L
E S M S T E B H L M R D Y Z F L I U O
S D L L W N S U B S T R A T E H B H K
O Z B O V D R A R K Z C Z T H M M S D
R L J T K A J R Q V W R H T V T G E E
```

 **3**

SUBSTRATE

NATURSTEIN

HIMBEERSTRAUCH

EGALISIEREN

BIOTOP

ROSENSTRAUCH

ABFALLBEHAELTER

KIESELSTEINE

ERDARBEITEN

SPIELGERAETE

Lösung

```
O  F  X  X  N  A  M  X  Z  D  J  G  G  V  N  T  N  I  D
A  U  H  C  U  A  R  T  S  R  E  E  B  M  I  H  A  H  M
T  C  G  M  S  K  E  Q  T  V  K  D  V  O  V  P  T  N  W
F  S  A  C  M  G  B  R  B  Y  I  E  F  A  A  R  U  K  Q
D  N  B  G  Q  Y  L  I  D  P  R  J  L  T  R  I  R  W  B
S  S  F  L  E  K  T  J  F  A  T  O  M  O  M  J  S  T  G
J  O  A  Y  T  J  P  G  D  O  R  G  P  Q  X  H  T  B  S
B  N  L  V  E  P  T  S  D  I  X  B  B  C  E  P  E  J  J
M  V  L  G  A  N  I  I  I  J  B  X  E  N  X  T  I  H  O
D  D  B  L  R  M  M  D  I  E  K  K  I  I  W  P  N  C  K
O  P  E  V  E  Y  O  C  Q  U  K  E  Y  F  T  N  Z  R  P
M  M  H  O  G  B  A  Z  T  F  T  S  H  Y  E  E  L  U  D
H  B  A  K  L  W  H  S  N  S  B  R  R  Z  H  R  N  R  E
C  X  E  F  E  M  Q  G  L  H  E  D  X  K  W  F  U  V
U  F  L  N  I  H  A  E  Y  B  J  C  Y  W  N  A  F  Q  F
R  N  E  S  S  E  G  L  O  F  V  E  V  A  M  H  P  R  M
T  X  R  P  I  N  E  R  E  I  S  I  L  A  G  E  O  Q  V
S  Z  K  K  Q  S  F  Z  Z  L  P  B  C  A  C  U  T  T  B
N  K  Y  T  N  N  Q  O  Z  Q  P  Q  R  A  N  Q  O  V  L
E  S  M  S  T  E  B  H  L  M  R  D  Y  Z  F  L  I  U  O
S  D  L  L  W  N  S  U  B  S  T  R  A  T  E  H  B  H  K
O  Z  B  O  V  D  R  A  R  K  Z  C  Z  T  H  M  M  S  D
R  L  J  T  K  A  J  R  Q  V  W  R  H  T  V  T  G  E  E
```

```
O T C S H C D Y K E O M H A W E L K U
J W X A P K W Y P K M W Q I I H H T X
L I U V P Z P M N R G A D V V E B F Y
N T H L S M M X N P T L F P O F J K H
L G U D J M E E Z J J R M W G Y D R G
O V P S S Q K N D B D L K Y E D E K X
Q N O R V C P P T C K U J F L J R A G
N V Z P E E K A K W E A E J G L K S
C O X U H P R A Z B I O B P A N O S H
N A L W R C C T E A J K V U E U X F V
A F X B X C V L I H L M J X U N K Q S
P E I Q B P P W X K X E R W S E F G O
G Y T U I F U U V V U Y E I C U Q K K
Y K I K L U V S G S E T P B H R X N V
V E F A U C H K K Z N I E E G H S S
U S N N A B G Q L P K P T E N E H G N
G Z J H U F N P B M B L V L R B L S T
E M Z V Z L E K U A H C S I T E E W Z
Z V H X F B W K J Y X U J Q I Z R M J
R L V X O M T L L P E R N T E N L N Y
U I L B S Y F Y H C I E T N E I L O F
X B V Y I M Y K F W R Z C T N Q E H W
L T H F G G N U R E S S E A W T N E R
J Q L F C E F W C B Q S O W D C C H O
```

ENTWAESSERUNG

KUEBELPFLANZE

SCHAUKEL

PFLUECKEN

BEGRUENUNG

VERTIKUTIERER

VOGELHAEUSCHEN

AZALEE

FOLIENTEICH

ERNTEN

Lösung

```
O  T  C  S  H  C  D  Y  K  E  O  M  H  A  W  E  L  K  U
J  W  X  A  P  K  W  Y  P  K  M  W  Q  I  I  H  H  T  X
L  I  U  V  P  Z  P  M  N  R  G  A  D  V  V  E  B  F  Y
N  T  H  L  S  M  M  X  N  P  T  L  F  P  O  O  F  J  H
L  G  U  D  J  M  E  E  Z  J  J  R  M  W  G  Y  D  R  G
O  V  P  S  S  Q  K  N  D  B  D  L  K  Y  E  D  E  K  X
Q  N  O  R  V  C  P  P  T  C  K  U  J  F  L  J  R  A  G
N  V  Z  P  E  E  K  A  K  W  E  A  E  J  H  G  L  K  S
C  O  X  U  H  P  R  A  Z  B  I  O  B  P  A  N  O  S  H
N  A  L  W  R  C  C  T  E  A  J  K  V  U  E  U  X  F  V
A  F  X  B  X  C  V  L  I  H  L  M  J  X  U  N  K  Q  S
P  E  I  Q  B  P  P  W  X  K  X  E  R  W  S  E  F  E  O
G  Y  T  U  I  F  U  U  V  V  U  Y  E  I  C  U  Q  K  K
Y  K  I  K  L  U  V  S  G  S  E  T  P  B  H  R  E  N  V
V  E  F  A  U  C  H  K  K  K  Z  N  I  E  E  G  H  S  S
U  S  N  N  A  B  G  Q  L  P  K  P  T  E  N  E  H  G  N
G  Z  J  H  U  F  N  P  B  M  B  L  V  L  R  B  L  S  T
E  M  Z  V  Z  L  E  K  U  A  H  C  S  I  T  E  E  W  Z
Z  V  H  X  F  B  W  K  J  Y  X  U  J  Q  I  Z  R  M  J
R  L  V  X  O  M  T  L  L  P  E  R  N  T  E  N  L  N  Y
U  I  L  B  S  Y  F  Y  H  C  I  E  T  N  E  I  L  O  F
X  B  V  Y  I  M  Y  K  F  W  R  Z  C  T  N  Q  E  H  W
L  T  H  F  G  N  U  R  E  S  S  E  A  W  T  N  E  R
J  Q  L  F  C  E  F  W  C  B  Q  S  O  W  D  C  C  H  O
```

B	R	D	N	L	Z	C	W	U	C	Q	P	V	C	M	A	D	I	J
L	P	N	K	U	L	T	I	V	I	E	R	E	N	J	G	Y	I	M
N	D	H	G	L	W	R	C	I	B	U	E	I	K	W	Y	F	N	Q
N	H	I	L	K	Z	V	P	Y	G	I	W	P	O	M	O	C	S	N
K	U	E	W	N	I	G	W	R	S	U	S	Y	K	A	A	M	E	H
Y	G	N	N	G	S	B	W	D	S	G	T	V	M	F	X	K	K	O
B	R	P	N	I	P	P	T	R	A	H	R	E	T	N	I	W	T	Y
R	A	H	O	E	R	J	E	W	Y	W	W	D	W	M	E	Z	E	S
X	S	U	R	H	U	U	C	N	E	S	A	Z	M	M	Y	G	N	W
T	E	Q	D	F	E	H	N	T	H	I	S	Y	L	I	A	I	X	W
H	N	C	N	V	H	S	W	K	T	R	S	M	G	I	D	L	W	B
C	A	A	E	T	S	C	L	N	N	E	B	A	R	G	M	U	Q	
U	N	J	D	Z	C	Q	U	C	S	C	R	F	N	V	V	A	C	O
Z	S	E	O	K	H	Y	K	V	Y	A	P	E	J	F	P	S	O	T
N	A	F	D	L	L	S	K	A	I	F	F	P	C	J	L	D	B	J
E	A	R	O	X	A	H	B	O	T	L	L	K	J	C	W	R	V	E
M	T	Y	H	V	U	H	I	E	V	H	A	V	E	P	Q	M	X	Z
U	W	A	R	O	C	P	Q	N	G	T	N	I	P	E	T	C	Q	E
L	A	Z	G	W	H	F	E	R	B	O	Z	J	A	U	Y	U	W	P
B	S	I	F	H	T	U	X	V	R	Q	E	S	K	H	T	M	O	O
P	A	B	R	L	A	Z	T	X	P	P	N	N	J	L	B	M	Q	B
G	O	X	X	B	Q	Z	X	M	V	Z	N	L	T	M	W	Q	M	K
Q	I	K	N	O	X	Y	O	Y	S	U	B	K	R	I	N	U	U	N
H	C	A	P	B	A	Z	V	P	L	R	E	J	V	T	S	M	Z	D

5

WINTERHART

RASENANSAAT

RHODODENDRON

BLUMENZUCHT

ANBAUEN

WASSERPFLANZEN

INSEKTEN

UMGRABEN

KULTIVIEREN

SPRUEHSCHLAUCH

Lösung

```
B R D N L Z C W U C Q P V C M A D I J
L P N K U L T I V I E R E N J G Y I M
N D H G L W R C I B U E I K W Y F N Q
N H I L K Z V P Y G I W P O M O C S N H
K U E W N I G W R S U S Y K A A M E H O
Y G N N G S B W D S G T V M F X K K H O
B R P N I P P T R A H R E T N I W T I Y
R A H O E R J E W Y W D W M E Z E S
X S U R H U U C N E S A Z M M Y G N W
T E Q D F E H N T H I S Y L I A I X W
H N C N V H S W K T R S M G I D L W B
C A A E T S T C L N E B A R G M U Q
U N J D Z C Q U C S C R F N V V A C O
Z S E O K H Y K V Y A P E J F P S O T
N A F D L L S K A I F F P C J L D B J
E A R O X A H B O T L L K J C W R V E
M T Y H V U H I E V H A E W E P Q M X Z
U W A R O C P Q N G T N I P E T C Q E
L A Z G W H F E R B O Z J A U Y U W P
B S I F H T U X V R Q E S K H T M O O
P A B R L A Z T X P P N N J L B M Q B
G O X X B Q Z X M V Z N L T M W Q M K
Q I K N O X Y O Y S U B K R I N U U N
H C A P B A Z V P L R E J V T S M Z D
```

U	K	B	O	D	E	N	D	E	C	K	E	R	T	V	A	W	X	U
K	T	G	O	H	W	S	A	Q	B	E	K	U	L	C	J	N	X	S
K	U	N	H	K	E	Z	M	T	Q	A	O	I	Z	F	I	K	O	G
C	R	K	O	S	I	J	N	I	M	J	M	W	A	Y	E	N	B	G
T	F	D	E	N	B	J	J	W	G	M	U	A	B	L	E	F	P	A
R	A	B	Y	V	T	Z	A	K	M	A	R	N	X	S	E	U	G	E
X	B	I	J	P	F	U	W	E	C	I	E	C	A	U	Q	N	K	J
G	V	T	G	O	X	R	E	F	X	Z	E	R	H	L	U	N	A	Q
S	L	R	P	S	R	Z	L	E	T	D	L	U	D	T	Q	E	W	D
P	K	T	J	R	K	U	I	E	F	L	J	S	H	M	V	T	Z	E
E	A	T	P	L	A	M	U	U	O	P	F	C	J	H	V	X	D	L
U	V	I	Q	F	B	T	D	R	X	Z	U	N	Q	U	L	E	L	L
N	J	N	C	D	S	I	M	G	C	E	V	R	P	N	H	L	P	E
E	C	H	D	D	S	A	C	E	L	N	B	W	W	K	S	Z	G	T
G	N	C	R	O	Y	C	F	E	O	N	E	D	Y	W	K	R	D	S
B	L	S	I	W	L	A	B	G	G	W	F	T	X	U	C	P	R	R
V	Q	H	C	H	J	D	P	V	Y	L	G	N	F	P	G	S	G	E
E	F	C	Y	V	C	S	D	C	R	Q	D	K	B	X	D	V	S	U
J	F	U	X	Q	Y	V	X	K	N	K	W	T	L	Z	A	S	N	E
Q	A	A	M	U	A	B	P	N	U	A	Z	N	E	T	R	A	G	F
Y	A	R	F	K	Z	I	C	Q	Y	J	Z	L	W	F	C	K	C	B
Z	T	T	I	N	H	C	S	Z	L	E	O	H	E	G	G	O	H	G
H	C	S	C	X	M	S	P	Q	C	C	T	K	J	T	V	W	D	O
J	E	E	J	E	T	R	C	T	R	E	G	O	R	S	E	G	D	K

 6

STUETZEN
BELEUCHTUNG
BODENDECKER
BAUM
FEUERSTELLE

APFELBAUM
STRAUCHSCHNITT
ROLLRASEN
GARTENZAUN
GEHOELZSCHNITT

Lösung

```
U K B O D E N D E C K E R T V A W X U
K T G O H W S A Q B E K U L C J N X S
K U N H K E Z M T Q A O I Z F I K O G
C R K O S I J N I M J M W A Y E N B G
T F D E N B J J W G M U A B L E F P A
R A B Y V T Z A K M A R N X S E U G E
X B I J P F U W E C I E C A U Q N K J
G V T G O X R E F X Z E R H L U N A Q
S L R P S R Z L E T D L U D T Q E W D
P K T J R K U I E F L J S H M V T Z E
E A T P L A M U U O P F C J H V X L
U V I Q F B T D R X Z U N Q U L E L L
N J N C D S I M G C E V R P N H L P E
E C H D D S A C E L N B W W K S Z G T
G N C R O Y C F E O N E D Y W K R D S
B L S I W L A B G G W F T X U C P R R
V Q H C H J D P V Y L G N F P G S G E
E F C Y V C S D C R Q D K B X D V S U
J F U X Q Y V X K N K W T L Z A S N E
Q A A M U A B P N U A Z N E T R A G F
Y A R F K Z I C Q Y J Z L W F C K C B
Z T T I N H C S Z L E O H E G G O H G
H C S C X M S P Q C C T K J T V W D O
J E E J E T R C T R E G O R S E G D K
```

```
Q A Z S J V V H I D B M I T W T B L U
H C A D N E S S A R R E T V W N A V L
L A W F P C R O G K P W K S U F C V K
I Z T C W J W D B C H J A A X W E F O
M L C V J S G M B M Z P Z Z X D Q H H
V I K S X V T C Q U I Z X K W D H Y V
T S I T Z M A U E R L K W M G C L B B
R V M H H I S R H O V T J M M H C Z L
O P M W Z F K M H Z I I O K J N D I A
P F Q U Q Q G F Q R M H G C U N K W U
F U W A S S E R B E C K E N I D M J B
S R F U T P I U P N R B U U U M V Z S
C X R S E K J D I A O Q R T R O A L A
H X Q O I F M O J E A S R Z G G T S C
L X G K V D L H U N X B R V N G S Q K
A N O N M E I G R T T L P F O F M G N
U Y P S G Y B O E S S A F R E S S A W
C L G A L O G R E P Z L O H T M D Q R
H F A A U Y E G E L F P N E T R A G U
Q D D E U D X Q K O M P O S T B H P P
B R T O C M H E S A W T F N B M H V M
N T W D H L G R O F C G P S W Z M P K
N O A E B S J G B K O T Z N X W G H O
H S R U R I Q M N R N K A G Z S G Q N
```

HOLZPERGOLA
LAUBSACK
WASSERFASS
KOMPOST
GARTENPFLEGE

TROPFSCHLAUCH
HOLZZAUN
WASSERBECKEN
TERRASSENDACH
SITZMAUER

Lösung

```
Q A Z S J V V H I D B M I T W T B L U
H C A D N E S S A R R E T V W N A V L
L A W F P C R O G K P W K S U F C V K
I Z T C W J W D B C H J A A X W E F O
M L C V J S G M B M Z P Z Z X D Q H H
V I K S X V T C Q U I Z X K W D H Y V
T S I T Z M A U E R L K W M G C L B B
R V M H H I S R H O V T J M M H C Z L
O P M W Z F K M H Z I I O K J N D I A
P F Q U Q Q G F Q R M H G C U N K W U
F U W A S S E R B E C K E N I D M J B
S R F U T P I U P N R B U U U M V Z S
C X R S E K J D I A O Q R T R O A L A
H X Q O I F M O J E A S R Z G G T S C
L X G K V D L H U N X B R V N G S Q K
A N O N M E I G R T T L P F O F M G N
U Y P S G Y B O E S S A F R E S S A W
C L G A L O G R E P Z L O H T M D Q R
H F A A U Y E G E L F P N E T R A G U
Q D D E U D X Q K O M P O S T B H P P
B R T O C M H E S A W T F N B M H V M
N T W D H L G R O F C G P S W Z M P K
N O A E B S J G B K O T Z N X W G H O
H S R U R I Q M N R N K A G Z S G Q N
```

```
W  C  V  E  B  A  P  V  E  R  M  E  S  S  U  N  G  R  R
D  E  K  O  R  A  T  I  O  N  A  P  N  F  X  P  G  V  X
N  D  V  V  A  O  J  W  G  I  P  S  H  H  H  V  H  Q  W
P  S  O  Y  C  J  R  I  D  B  H  B  I  T  O  T  P  B  M
D  R  C  L  X  N  R  E  T  S  A  L  F  P  R  X  O  M  Z
L  X  V  S  Q  V  G  T  J  L  G  A  D  E  T  I  F  T  T
T  J  C  W  S  D  I  X  P  V  B  V  F  P  E  G  N  Q  U
Z  Y  X  K  P  A  S  J  P  N  D  Q  J  N  B  M  O  H
D  L  E  F  R  E  E  B  D  R  E  T  E  E  S  N  A  M  C
G  H  C  U  O  G  E  X  D  Y  H  Q  H  C  I  E  W  N  S
T  R  I  T  T  S  T  U  F  E  N  C  U  E  E  E  V  N
Q  L  B  H  Y  E  O  V  I  S  K  A  C  O  O  B  A  H  E
N  F  F  C  V  X  O  X  Q  C  T  E  F  W  A  M  D  O  Z
A  H  Z  L  Y  C  Z  H  E  P  A  P  F  R  M  J  Q  V  N
Q  C  C  V  Q  L  U  O  F  Q  D  B  G  B  N  Z  A  C  A
B  T  Y  F  C  E  L  R  G  Z  R  L  C  H  I  S  O  G  L
Z  E  W  V  G  G  L  E  Z  U  E  L  X  C  A  H  T  M  F
N  E  E  G  I  F  C  Z  N  B  G  C  H  D  B  M  D  U  P
Z  F  Z  A  P  N  D  N  A  L  Y  H  A  G  S  G  J  R  Z
V  B  M  N  K  W  E  K  Z  T  V  I  B  M  G  D  I  K  S
I  Q  F  P  H  N  W  R  J  X  J  Q  V  N  K  A  W  Q  L
L  F  Y  R  I  P  Z  B  H  R  R  F  K  I  I  W  S  P  O
T  M  X  I  K  W  C  B  Q  C  Q  U  C  K  B  I  Q  R  H
W  R  H  U  P  S  S  E  J  T  D  L  G  J  L  C  H  T  B
```

VERMESSUNG   ERDBEERFELD

HORTENSIE   MAIGLOECKCHEN

TRITTSTUFEN   DEKORATION

KABELGRABEN   BRUNNEN

PFLANZENSCHUTZ   PFLASTERN

Lösung

```
W C V E B A P V E R M E S S U N G R R
D E K O R A T I O N A P N F X P G V X
N D V V A O J W G I P S H H H V H Q W
P S O Y C J R I D B H B I T O T P B M
D R C L X N R E T S A L F P R X O M Z
L X V S Q V G T J L G A D E T I F T T
T J C W S D I X P V B V F P E G N Q U
Z Y X K P A S J P P N D Q J N B M O H
D L E F R E E B D R E T E E S N A M C
G H C U O G E X D Y H Q H C I E W N S
T R I T T S T U F E N C N U E E E V N
Q L B H Y E O V I S K A C O O B A H E
N F F C V X O X Q C T E F W A M D O Z
A H Z L Y C Z H E P A P F R M J Q V N
Q C C V Q L U O F Q D B G B N Z A C A
B T Y F C E L R G Z R L C H I S O G L
Z E W V G G L E Z U E L X C A H T M F
N E E G I F C Z N B G C H D B M D U P
Z F Z A P N D N A L Y H A G S G J R Z
V B M N K W E K Z T V I B M G D I K S
I Q F P H N W R J X J Q V N K A W Q L
L F Y R I P Z B H R R F K I I W S P O
T M X I K W C B Q C Q U C K B I Q R H
W R H U P S S E J T D L G J L C H T B
```

```
O Z R Q B A Y U X U X E L D L Q X X Z
U Q O T P P F L A N Z E N S E T Z E N
Y T O E E C C Q G H Q U L V U X L N T
B A U M K R O N E D G C F H Y K Y D D
T R D G H B D P J R Y B S B V F R T E
Q L E A R S N C W J M S K E E N Q B M
U Y U J O A H I S D O A R K H I M J G
B E X Z K M K E C P N S K T Z B L G T
A N S V F Z J B L T E R S I J T R J N
S S E Z E B Q V E N D A E B G S W O E
G Q F F F H F N K H M S E W N X Q K H
K D T B U R S R F V O E B Q U O R D E
J N E P Z T E N O K T N P U N L V R A
S G V U E G S V B E U S L B G A R V M
Q T L I N Z F L I H Z P C A E I L R N
Z D N E Y T G N I W H R G B R Z R F E
R E R W V A F Z Y E Z E A C E X J H S
X V N J V A N X E H K N O X B W N H A
I M Y A S V C Z Y R Q G O V F J V A R
T B H S A Z K F E L S E N V H A P G P
Z O U Y C P U T D G F R W V V F G H D
E N Z M S O W B G E U H D D H E C N N
G F B P L Q B W Q Y X J S S B P E C L T
Z N Q R G E B H S D P L T J B I P H I
```

RASENSPRENGER
VERSENKREGNER
PFLANZENSETZEN
RASENMAEHEN
BEETEINFASSUNG

BEREGNUNG
KEILSTUFEN
FELSEN
KANTENSTEINE
BAUMKRONE

Lösung

```
O Z R Q B A Y U X U X E L D L Q X X Z
U Q O T P P F L A N Z E N S E T Z E N
Y T O E E C C Q G H Q U L V U X L N T
B A U M K R O N E D G C F H Y K Y D D
T R D G H B D P J R Y B S B V F R T E
Q L E A R S N C W J M S K E E N Q B M
U Y U J O A H I S D O A R K H I M J G
B E X Z K M K E C P N S K T Z B L G T
A N S V F Z J B L T E R S I J T R J N
S S E Z E B Q V E N D A E B G S W O E
G Q F F F H F N K H M S E W N X Q K H
K D T B U R S R F V O E B Q U O R D E
J N E P Z T E N O K T N P U N L V R A
S G V U E G S V B E U S L B G A R V M
Q T L I N Z F L I H Z P C A E I L R N
Z D N E Y T G N I W H R G B R Z R F E
R E R W V A F Z Y E Z E A C E X J H S
X V N J V A N X E H K N O X B W N H A
I M Y A S V C Z Y R Q G O V F J V A R
T B H S A Z K F E L S E N V H A P G P
Z O U Y C P U T D G F R W V V F G H D
E N Z M S O W B G E U H D D H E C N N
G F B P L Q B W Q Y X J S B P E C L T
Z N Q R G E B H S D P L T J B I P H I
```

```
E D R E N E Z N A L F P L M P O V O H
I N J S T R V D P H R Z G X Z D T A I
C E T R E B T E N Y N D N H F G T P X
A R T H N U Y I I N A L P N E T R A G
S T U F E N A E D S L L Q B J A P G S
E D I K X Z R A A A H N F Y B A Z S T
Y N I X V O O U G R F C U T A I Y M R
J P U O L C U V Z R I C U V Q I D T A
I K U F X H B X S F J M U F E I F Y U
U Q I Q H K J T P M O W K W P L I T C
V C S K V C W H G K Z N L D M D M L H
O N T X D I K N F T B J Z A V F T K X
E D V U Y K K A T E E B E S E U M E G
D U P F M K K S W E H S A U H A K X F
Z Q N E H L F P J B K I E S W E G J D
B B K I R S C H B A U M G C Q D H N P
Q P B T D Q E B T G I W H I D M C C B
X R D S F Q L N Z I Y O S V P X T P B
E N Y B K E D R E T A A S N A I D U Z
O Q E N Q E Z U I G I Q U Z X W C V U
U E A N A T U R S T E I N T R E P P E
M Z V Y C K D R W M S Z I S G N I A V
L F A U J I V K M T C O C B Q Y Z A Q
D U D C W H N G F J F K P R N T W J M
```

10

GEMUESEBEET

GARTENPLAN

ANSAATERDE

KIESWEG

STUFEN

NATURSTEINTREPPE

PFLANZENERDE

KIRSCHBAUM

STRAUCH

FUCHSIE

Lösung

```
E D R E N E Z N A L F P L M P O V O H
I N J S T R V D P H R Z G X Z D T A I
C E T R E B T E N Y N D N H F G T P X
A R T H N U Y I I N A L P N E T R A G
S T U F E N A E D S L L Q B J A P G S
E D I K X Z R A A A H N F Y B A Z S T
Y N I X V O O U G R F C U T A I Y M R
J P U O L C U V Z R I C U V Q I D T A
I K U F X H B X S F J M U F E I F Y U
U Q I Q H K J T P M O W K W P L I T C
V C S K V C W H G K Z N L D M D M L H
O N T X D I K N F T B J Z A V F T K X
E D V U Y K K A T E E B E S E U M E G
D U P F M K K S W E H S A U H A K X F
Z Q N E H L F P J B K I E S W E G J D
B B K I R S C H B A U M G C Q D H N P
Q P B T D Q E B T G I W H I D M C C B
X R D S F Q L N Z I Y O S V P X T P B
E N Y B K E D R E T A A S N A I D U Z
O Q E N Q E Z U I G I Q U Z X W C V U
U E A N A T U R S T E I N T R E P P E
M Z V C K D R W M S Z I S G N I A I A
L F A U J I V K M T C O C B Q Y Z A Q
D U D C W H N G F J F K P R N T W J M
```

```
D L O N H E C D E G V M P D G C A P T
R F Y G A R T E N S C H L A U C H U E
U E R L U Q J X N K L K V T U G I Q B
K T P E S U L Y F A X I D A P U M G E
J W R H I X N L E M W E D H A I Z N W
V V A C J B N U G G C S H B E N D D A
L Y F E G J E L Z B U S M L T G Q H E
C E I A N C Z E K A K C P A U B U I S
K P A L U W E B U C W H T T A N R P S
U C X F D D M E Z R N I O T R L I X E
K E H Z E O I O X S D C G L K Z Z G R
H R F N I A J M L I H H M A N V R P U
H N S A R R C N G S K T R U U G I O N
X B U L F O C E D Q S T S S X F Z K G
R Q B F N R C S T B K S Q H L B W B F
A B N P I C P S U E B E R D A C H T R
B J P T E P F A L V O C M D K B N S I
Q J P Y N T F R Q A E R T C F C D Z N
J V L S O B Y R U T K R F P I E B N L
O S H E D S G E L P T L I F J E H Y C
M L V T D D K T L U E H K C F D P U F
O S L K V S L U B E F N Z S U A G C P
G L I J K X P B C E A F Q H C P S X L
A A H N E U P F L A N Z U N G P D D H
```

TERRASSENMOEBEL   GARTENSCHLAUCH
UNKRAUT   UEBERDACHT
PFLANZFLAECHE   BLATTLAUS
BEWAESSERUNG   NEUPFLANZUNG
KIESSCHICHT   EINFRIEDUNG

Lösung

```
D L O N H E C D E G V M P D G C A P T
R F Y G A R T E N S C H L A U C H U E
U E R L U Q J X N K L K V T U G I Q B
K T P E S U L Y F A X I D A P U M G E
J W R H I X N L E M W E D H A I Z N W
V V A C J B N U G G C S H B E N D D A
L Y F E G J E L Z B U S M L T G Q H E
C E I A N C Z E K A K C P A U B U I S
K P A L U W E B U C W H T T A N R P S
U C X F D D M E Z R N I O T R L I X E
K E H Z E O I O X S D C G L K Z Z G R
H R F N I A J M L I H H A A N R P I U
H N S A R R C N G S K T R U U G I O N
X B U L F O C E D Q S T S S X F Z K G
R Q B F N R C S T B K S Q H L B W B F
A B N P I C P S U E B E R D A C H T R
B J P T E P F A L V O C M D K B N S I
Q J P Y N T F R Q A E R T C F C D Z N
J V L S O B Y R U T K R F P I E B N L
O S H E D S G E L P T L I F J E H Y C
M L V T D D K T L U E H K C F D P U F
O S L K V S L U B E F N Z S U A G C P
G L I J K X P B C E A F Q H C P S X L
A A H N E U P F L A N Z U N G P D D H
```

T R J O U P Y H G U W L C S M U O X P
U R H C F N U R C J V B H U O D C U X
L V O F S K D H J I K D Y R M G G Z H
H V T C S B C R Y K F W Z E U R Z B W
F R S P K W A O O P D C G L M N V X P
J S W X S E G L B T I X K P S B F J X
C Z G Q U V N A D L P H D A E A J Y N
D I G Q W E J S T M A T A W J U J V J
O S F I R B J S A M Q T W F S M G U J
U Q Q M A P V R A A A U P L V P E L V
B U T T J V K D E R T E Q L M F R G K
D J O C Q G W T B P U D L M D L C K K
N V P V L M X E A E M N Y L Z E D M W
Q T V B S V I M O A P A Z V Q G H O K
F Y J K S T R E Q W S M L W V E D M U
K V U V E V E C S I V N U N H W D U L
Z Q E N Z Z N Q F I U V A P E K H Y O
D V P P A G G N H R T Y D N H T M H O
L B B C Y Y L P V Q T Z U W E C R G P
K A Q V D B T X A Q A O B Y H S I A I
U R S C E O W U C C W C R A T Z E E G
A Q S Y D F E H X L W R H I N N F I T
K S S G H O R U L E G I C O A K Z K W
G M V F M E E E T T A M E G N E A H K

12

TEICHPUMPE
GARTENLAMPE
POOL
SAATARBEITEN
IGEL

TROCKENSAAT
SITZBANK
HAENGEMATTE
WIESENANSAAT
BAUMPFLEGE

```
T R J O U P Y H G U W L C S M U O X P
U R H C F N U R C J V B H U O D C U X
L V O F S K D H J I K D Y R M G G Z H
H V T C S B C R Y K F W Z E U R Z B W
F R S P K W A O O P D C G L M N V X P
J S W X S E G L B T I X K P S B F J X
C Z G Q U V N A D L P H D A E A J Y N
D I G Q W E J S T M A T A W J U J V J
O S F I R B J S A M Q T W F S M G U J
U Q Q M A P V R A A U P L V P E L V
B U T T J V K D E R T E Q L M F R G K
D J O C Q G W T B P U D L M D L C K K
N V P V L M X E A E M N Y L Z E D M W
Q T V B S V I M O A P A Z V Q G H O K
F Y J K S T R E Q W S M L W V E D M U
K V U V E V E C S I V N U N H W D U L
Z Q E N Z Z N Q F I U V A P E K H Y O
D V P P A G G N H R T Y D N H T M H O
L B B C Y Y L P V Q T Z U W E C R G P
K A Q V D B T X A Q A O B Y H S I A I
U R S C E O W U C C W C R A T Z E E G
A Q S Y D F E H X L W R H I N N F I T
K S S G H O R U L E G I C O A K Z K W
G M V F M E E E T T A M E G N E A H K
```

```
H  N  V  C  J  M  G  P  O  M  I  Y  P  V  P  X  F  R  V
Y  C  T  P  T  E  N  O  I  I  H  Q  H  E  G  O  Z  M  C
E  C  T  C  R  G  L  N  E  L  U  E  A  S  J  H  A  H  K
F  S  A  E  C  T  E  G  S  H  P  S  Q  Q  W  Z  D  R  B
R  I  E  S  S  U  F  H  B  M  O  K  M  P  I  Z  G  M  U
G  E  Y  I  J  Y  C  O  K  D  J  X  F  L  Q  P  H  A  T
O  M  I  K  W  E  A  O  Q  E  Z  C  B  T  T  E  G  S  E
M  A  T  E  C  N  W  V  T  W  K  N  R  M  B  D  N  R  I
T  H  K  K  F  X  E  A  E  B  L  U  M  E  N  T  V  A  S
F  L  K  G  F  N  X  M  S  K  L  D  K  E  Y  I  J  U  J
R  U  E  B  J  N  E  P  U  S  C  D  C  G  X  X  O  L  I
C  Q  N  Q  O  V  A  T  H  L  E  E  R  R  J  N  S  U  W
X  T  G  B  W  W  I  S  R  O  B  R  H  B  V  P  H  J  N
S  N  T  V  A  H  X  S  S  A  J  R  P  K  R  L  C  F  J
A  C  Z  K  K  C  Y  V  P  A  G  H  D  U  G  P  A  A  G
L  Z  W  S  L  P  H  I  G  T  N  U  F  K  M  I  D  D  I
L  G  M  B  F  H  F  L  I  H  F  S  V  D  P  P  A  E  L
Z  R  D  L  C  A  I  O  A  Z  G  Y  A  Y  Y  M  E  E  S
S  B  B  L  W  M  I  Z  G  U  Y  I  U  A  I  H  B  S  T
Z  M  U  A  B  S  H  C  U  B  F  S  I  U  T  X  D  O  P
K  N  O  J  N  B  X  L  I  M  H  W  Z  F  U  D  X  E  I
Z  O  C  L  K  U  M  X  L  L  I  R  G  N  I  E  T  S  P
Z  Z  N  T  K  T  D  D  O  W  B  Q  Q  Q  W  D  C  L  R
L  A  A  E  W  F  C  R  I  B  B  P  S  I  F  L  T  U  F
```

13

BACHLAUF
WASSERPUMPE
GARTENFEIER
BLUMENWIESE
NASSANSAAT

BUCHSBAUM
BLUMEN
HECKE
STEINGRILL
SAEULEN

Lösung

```
H N V C J M G P O M I Y P V P X F R V
Y C T P T E N O I I H Q H E G O Z M C
E C T C R G L N E L U E A S J H A H K
F S A E C T E G S H P S Q Q W Z D R B
R I E S S U F H B M O K M P I Z G M U
G E Y I J Y C O K D J X F L Q P H A T
O M I K W E A O Q E Z C B T T E G S E
M A T E C N W V T W K N R M B D N R I
T H K K F X E A E B L U M E N T V A S
F L K G F N X M S K L D K E Y I J U J
R U E B J N E P U S C D C G X X O L I
C Q N Q O V A T H L E E R R J N S U W
X T G B W W I S R O B R H B V P H J N
S N T V A H X S S A J R P K R L C F J
A C Z K K C Y V P A G H D U G P A A G
L Z W S L P H I G T N U F K M I D D I
L G M B F H F L I H F S V D P P A E L
Z R D L C A I O A Z G Y A Y Y M E E S
S B B L W M I Z G U Y I U A I H B S T
Z M U A B S H C U B F S I U T X D O P
K N O J N B X L I M H W Z F U D X E I
Z O C L K U M X L L I R G N I E T S P
Z Z N T K T D D O W B Q Q Q W D C L R
L A A E W F C R I B B P S I F L T U F
```

```
R O Y C G W A S S E R G A R T E N N D
I B Q E O U Y I A K T L E L P S G K P
Z E I O T N D D L C H F X K Z D W Q P
R S T Y C E T B T A Y X L A R Z E K D
D A K R H N I G X L T W U A P A Y X Z
R B B U F N A C J X F N I O H Y P I Y
Q Z V L G M E Z H Z P N Q Y V E Z O X
R Q B D U E Y T T R A H W B S N K N M
Z B O D X P L X H R E M T W U W F U N
W A Z R I A K L B C G I W H N P E N T
M U M F C P X E E R I Z N C Q T Z Q J
Q M O U J H I O J U I L G I Z O K P X
O S D U J T J Z B D C R S L G E O V J
G A R T E N T E I C H H I U T U S Y W
W N E N Q A P P B Y G N T W A K N V S
N I F L Y S N E S W G D P E I X K G G
I E R W L V A A A E B E A M N H X M H
E R Y G T J N A X O S S X S F U C H E
M U M Z A R R A K N K T E R R A S S E
I N N E F G F Z S C P P W S Q G C E C
Z G N U E R G E B H C A D D C X M
A X K I V D M Z T T B E J R B N S G H
C B Z I J J Y L M Y S V Q J Z W Q F N
A V P G Z T Y C F P S H Q R J D M F K
```

AUSLICHTEN
WASSERGARTEN
KUGELLEUCHTEN
DRAINARBEITEN
GARTENTEICH

TEICHREINIGUNG
NUETZLINGE
BAUMSANIERUNG
DACHBEGRUENUNG
TERRASSE

Lösung

```
R O Y C G W A S S E R G A R T E N N D
I B Q E O U Y I A K T L E L P S G K P
Z E I O T N D D L C H F X K Z D W Q P
R S T Y C E T B T A Y X L A R Z E K D
D A K R H N I G X L T W U A P A Y X Z
R B B U F N A C J X F N I O H Y P I Y
Q Z V L G M E Z H Z P N Q Y V E Z O X
R Q B D U E Y T T R A H W B S N K N N
Z B O D X P L X H R E M T W U W F U N
W A Z R I A K L B C G I W H N P E N T
M U M F C P X E E R I Z N C Q T Z Q J
Q M O U J H I O J U I L G I Z O K P X
O S D U J T J Z B D C R S L G E O V J
G A R T E N T E I C H H I U T U S Y W
W N E N Q A P P B Y G N T W A K N V S
N I F L Y S N E S W G D P E I X K G G
I E R W L V A A A E B E A M N H X M H
E R Y G T J N A X O S S X S F U C H E
M U M Z A R R A K N K T E R R A S S E
I N N E F G F Z S C P P W S Q G C E C
Z G N U N E U R G E B H C A D D C X M
A X K I V D M Z T T B E J R B N S G H
C B Z I J J Y L M Y S V Q J Z W Q F N
A V P G Z T Y C F P S H Q R J D M F K
```

S	C	Y	N	B	M	L	X	O	O	F	R	D	J	N	Z	P	A	F
L	D	E	S	Y	Y	U	M	D	B	D	R	P	H	E	S	S	S	P
B	Y	Z	Q	J	Q	N	A	X	R	A	P	G	O	J	Y	U	L	M
N	C	Y	W	Z	P	V	U	B	I	F	K	M	Q	Y	D	Q	Y	W
W	C	E	Y	M	M	B	Q	N	Z	D	J	P	M	K	C	Z	O	F
T	Z	G	O	U	E	X	A	F	V	H	F	R	H	I	L	O	G	C
A	Q	C	A	U	Z	G	A	U	F	L	R	C	S	W	J	R	G	A
M	O	L	A	C	E	J	X	L	A	V	U	C	A	V	J	P	S	B
Q	R	E	A	R	N	T	O	S	H	A	N	S	I	H	P	N	B	N
B	C	C	L	Q	Z	E	T	R	R	I	S	Z	P	A	J	G	N	C
R	C	N	E	F	W	E	B	T	Y	E	X	Q	L	Z	W	G	E	J
T	K	G	X	Z	R	K	S	A	R	S	M	F	D	C	Z	L	T	R
Y	Z	Y	U	S	E	N	T	R	R	B	L	I	J	Y	E	B	F	V
M	A	W	T	Z	E	B	O	O	B	G	U	J	Q	U	R	U	E	O
Z	Q	E	W	T	Q	H	N	F	K	F	M	T	J	J	W	U	H
I	I	P	A	T	R	W	D	W	R	J	F	U	P	O	S	O	L	X
N	F	M	E	N	E	D	A	S	I	L	A	P	Z	L	O	H	N	V
F	O	U	G	Y	H	I	Q	M	C	C	Y	H	Y	B	U	U	E	T
T	A	Q	Q	F	X	J	G	A	Y	P	R	I	P	T	W	D	S	H
L	T	X	Z	B	D	R	G	C	L	A	V	Z	P	G	V	E	A	L
U	E	Z	B	K	G	N	U	Z	N	A	L	F	P	E	B	O	R	D
T	S	E	U	R	E	G	R	E	T	T	E	L	K	T	Y	T	T	J
I	C	Y	W	T	P	E	G	A	R	T	E	N	H	A	U	S	W	S
N	N	K	Q	D	Y	S	J	Q	B	W	K	M	S	Z	K	H	Z	K

15

UMGRABEN

GARTENHAUS

HOLZPALISADEN

KLETTERGERUEST

PFLASTERSTEIN

DRAINAGE

TOMATENSTRAUCH

WASSERROHR

BEPFLANZUNG

RASENLUEFTEN

Lösung

```
S  C  Y  N  B  M  L  X  O  O  F  R  D  J  N  Z  P  A  F
L  D  E  S  Y  Y  U  M  D  B  D  R  P  H  E  S  S  S  P
B  Y  Z  Q  J  Q  N  A  X  R  A  P  G  O  J  Y  U  L  M
N  C  Y  W  Z  P  V  U  B  I  F  K  M  Q  Y  D  Q  Y  W
W  C  E  Y  M  M  B  Q  N  Z  D  J  P  M  K  C  Z  O  F
T  Z  G  O  U  E  X  A  F  V  H  F  R  H  I  L  O  G  C
A  Q  C  A  U  Z  G  A  U  F  L  R  C  S  W  J  R  G  A
M  O  L  A  C  E  J  X  L  A  V  U  C  A  V  J  P  S  B
Q  R  E  A  R  N  T  O  S  H  A  N  S  I  H  P  N  B  N
B  C  C  L  Q  Z  E  T  R  R  I  S  Z  P  A  J  G  N  C
R  C  N  E  F  W  E  B  T  Y  E  X  Q  L  Z  W  G  E  J
T  K  G  X  Z  R  K  S  A  R  S  M  F  D  C  Z  L  T  R
Y  Z  Y  U  S  E  N  T  R  R  B  L  I  J  Y  E  B  F  O
M  A  W  T  Z  E  B  O  O  B  G  U  J  Q  U  R  U  E  O
Z  Q  E  W  T  Q  H  N  F  K  F  M  T  J  J  X  W  U  H
I  I  P  A  T  R  W  D  W  R  J  F  U  P  O  S  O  L  X
N  F  M  E  N  E  D  A  S  I  L  A  P  Z  L  O  H  N  V
F  O  U  G  Y  H  I  Q  M  C  C  Y  H  Y  B  U  U  E  T
T  A  Q  Q  F  X  J  G  A  Y  P  R  I  P  T  W  D  S  H
L  T  X  Z  B  D  R  G  C  L  A  V  Z  P  G  V  E  A  L
U  E  Z  B  K  G  N  U  Z  N  A  L  F  P  E  B  O  R  D
T  S  E  U  R  E  G  R  E  T  T  E  L  K  T  Y  T  T  J
I  C  Y  W  T  P  E  G  A  R  T  E  N  H  A  U  S  W  S
N  N  K  Q  D  Y  S  J  Q  B  W  K  M  S  Z  K  H  Z  K
```

N M T T I N H C S N E K C E H I G X E
G I L W I E I B F W Y R G A E E T U W
W N O N Y T C M V T V R Y Z R O A Y L
M O N D L I C H T P H M I B H M A Q C
K F D Z L S G I H M F V E U R A S T P
G G C U M K N A V E R R Y K N P S R B
X F Q O M Y N X L Z A Y G P J J U E M
K X M U S C H E L K A L K A L R A G K
K A P V R M I X V V H Y C D E G Y E J
I Q V X X K Z R Y R O V C B Z W K N A
Z M U T B H U W V H M M M K G U P W W
G F K S D A E K A V F C D J A F I U Q
Q C R G I C M O G U L J D K X K Z R O
I I C E I V G A R T E N W E G E I M D
W S E T W D V A S C A M D I V N N K Y
H V U D B E F I C I N W Z L S H C E K
B B O M U T T E R B O D E N Y C M H P
C J S R S S X X L A E T S S S W D Z R
S F S W F S B A U M S T U M P F Z R
X T S U I J W E E Y F W U P F B A N G
V C H N P T I A S Q W H H X H P X L Y
C L N G S N B S B M Y H L D G C H T B
Y Y E V S A N D X I D Q Q X T B Q G P
B J S U I M D Q X K C U E Q I P G O G

16

GERBERA
GARTENWEGE
MUSCHELKALK
HECKENSCHNITT
BAUMSTUMPF

REGENWURM
AUSSAAT
MONDLICHT
MUTTERBODEN
SAND

Lösung

```
N  M  T  T  I  N  H  C  S  N  E  K  C  E  H  I  G  X  E
G  I  L  W  I  E  I  B  F  W  Y  R  G  A  E  E  T  U  W
W  N  O  N  Y  T  C  M  V  T  V  R  Y  Z  R  O  A  Y  L
M  O  N  D  L  I  C  H  T  P  H  M  I  B  H  M  A  Q  C
K  F  D  Z  L  S  G  I  H  M  F  V  E  U  R  A  S  T  P
G  G  C  U  M  K  N  A  V  E  R  R  Y  K  N  P  S  R  B
X  F  Q  O  M  Y  N  X  L  Z  A  Y  G  P  J  J  U  E  M
K  X  M  U  S  C  H  E  L  K  A  L  K  A  L  R  A  G  K
K  A  P  V  R  M  I  X  V  V  H  Y  C  D  E  G  Y  E  J
I  Q  V  X  X  K  Z  R  Y  R  O  V  C  B  Z  W  K  N  A
Z  M  U  T  B  H  U  W  V  H  M  M  M  K  G  U  P  W  W
G  F  K  S  D  A  E  K  A  V  F  C  D  J  A  F  I  U  Q
Q  C  R  G  I  C  M  O  G  U  L  J  D  K  X  K  Z  R  O
I  I  C  E  I  V  G  A  R  T  E  N  W  E  G  E  I  M  D
W  S  E  T  W  D  V  A  S  C  A  M  D  I  V  N  N  K  Y
H  V  U  D  B  E  F  I  C  I  N  W  Z  L  S  H  C  E  K
B  B  O  M  U  T  T  E  R  B  O  D  E  N  Y  C  M  H  P
C  J  S  R  S  S  X  X  L  A  E  T  S  S  S  W  D  Z  R
S  F  S  W  F  S  B  A  U  M  S  T  U  M  P  F  Z  R
X  T  S  U  I  J  W  E  E  Y  F  W  U  P  F  B  A  N  G
V  C  H  N  P  T  I  A  S  4  S  W  H  X  H  P  X  L  Y
C  L  N  G  S  N  B  S  B  M  Y  H  L  D  G  C  H  T  B
Y  Y  E  V  S  A  N  D  X  I  D  Q  Q  X  T  B  Q  G  P
B  J  S  U  I  M  D  Q  X  K  C  U  E  Q  I  P  G  O  G
```

Gefundene Wörter: TTINHCSNEKCEH (TISCHDECKE), MONDLICHT, MUSCHELKALK, GARTENWEGE, MUTTERBODEN, BAUMSTUMPF, SAND, REGENWURM, GASTRONOMIE, TASTATUR

```
G L N B G X Y J O T D R D O C H P L P
I I J W K L I N K E R I C G X M I J X
E S C U Z S X Q I M V K T G S B L S I
A H Y N V W U L X X U K T C R Q W K B
D S X P P O T Q V B T Q V S I V D O N
R I H T A U D S E O J O M X N V G Y R
P C S S G W C J L X O M R D D K B H Q
T A A B B P D Q V E W U Y B E Z O T U
W B N L L T P W I E U O L R N D L C S
P K P R Q H B M Q E R M I B M L I O M
R S N B A C D U J P Z K O D U O C Y F
N A V Q N I N F N B E W F U L V H F P
A U M Z G H L O Y W L U B Y C W T K B
H N V G B C G P Z E B U H C H Q S E E
W A P T K S A A Q Q E X C A E Q T E H
F H Z M I K R E T M R E Z S W S E K S
U Ä E E Y C T L M F E F B B E E I R I
H U E I V E E S U Y I B R Q Z X N R F
X S Z A K D N K A V C G I E C Q E A T
S C G U W D B D B R H N T E I Z R Q C
L H X M T Z A D N E F L C C N Z N N M
Y E V H O X N Y R Y A Y I T J E E T J
F N B R R J K F I B G L E S L I N I Z
R D J Q M M M Z B W C N J B Q V Z X T
```

17

BIENEN
RINDENMULCH
DECKSCHICHT
BIRNBAUM
GARTENBANK

KLINKER
LICHTSTEINE
SAUNAHÄUSCHEN
WURZELBEREICH
FREIZEIT

```
G L N B G X Y J O T D R D O C H P L P
I I J W K L I N K E R I C G X M I J X
E S C U Z S X Q I M V K T G S B L S I
A H Y N V W U L X X U K T C R Q W K B
D S X P P O T Q V B T Q V S I V D O N
R I H T A U D S E O J O M X N V G Y R
P C S S G W C J L X O M R D K B H Q
T A A B B P D Q V E W U Y B E Z O T U
W B N L L T P W I E U O L R N D L C S
P K P R Q H B M Q E R M I B M L I O M
R S N B A C D U J P Z K O D U O C Y F
N A V Q N I N F N B E W F U L V H F P
A U M Z G H L O Y W L U B Y C W T K B
H N V G B C G P Z E B U H C H Q S E E
W A P T K S A A Q Q E X C A E Q T E H
F H Z M I K R E T M R E Z S W S E K S
U Ä E E Y C T L M F E F B B E E I R I
H U E I V E S U Y I C B R Q Z X N R F
X S Z A K D N K A V C G I E C Q E A T
S C G U W D B D B R H N T E I Z R Q C
L H X M T Z A D N E F L C C N Z N N M
Y E V H O X N Y R Y A Y I T J E E T J
F N B R R J K F I B G L E S L I N I Z
R D J Q M M M Z B W C N J B Q V Z X T
```

Gefundene Wörter: KLINKER, RINDE, WURZEL, LICHT, SAUNA, TGARTEN, MUH, BRENNZEIT

```
H J I Q X I B W Q M V H K O Y I N J N
S A P X I M L Q V T E U B X E F Z P E
V U O R H P K V A G G Y M G H C T T Q
Q P H A J X N B G Q A Y M P D G J A W
R D F E H Q G F P L G Z Y W E W U A Z
W R H T O L S I R E G N E U D M E S G
O T U M I T K L X V D T M U U P G T L
I D W F O E Q J F P F V T W X N Q A E
G Q W V Q Q B F L P U O U P Z F B J D
S Q V N V A J R O T D C N E Q X K F G
C G O Z N T F Y A Z R Y Q H S U W W D
T P L T R E P P E N S T U F E N X A S
P F H R E F E A K N E H C N E I R A M
D K U B B D T I E C E T I U O I B P E
X B T O F L Z L M W O T R T A D C C X
O B S N A L E U S J A Z R A M D F E N
N C E I C T I W D C C Y A A G G G J J
E L G I A J G D X X N S O I G A O Y V
D G E B K O U K I B E E W F R R I O M
U L I F Z A H J U Y F G S C Z I O C N
A B L L F N E Z N A L F P M U A B V T
T E V O L P O A U V I D D E N U E A Z
S E W H Z D U Z A Z R K S D B T K D L
U T H Q S D T Y L W W T C S O G H N Z
```

LIEGESTUHL   DUENGER
ZAEUNE   VORGARTEN
STAUDEN   BEET
TREPPENSTUFEN   GARTENARBEIT
BAUMPFLANZEN   MARIENCHENKAEFER

Lösung

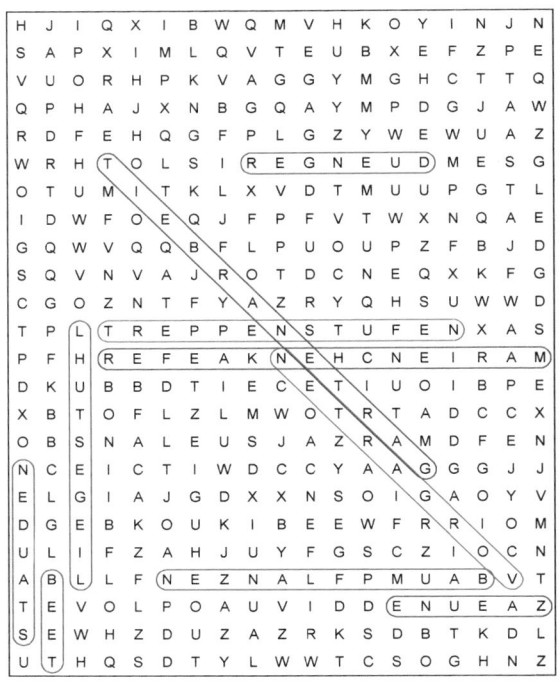

DAS

GRILLEN

WORTSUCHRÄTSEL BUCH

```
C O L R A T R D F R I K A D E L L E L
A M B S S E I P S H E R D S F P Z A D
F N T I A D G E J A F S M W A N T U H
J E I U L B H D K Q H H S A Q Q J J A
R W T Q O G H I P P D T I I C H L G T
X W T U L U R B V S N B Z U E U Y H S
T A L Y A P X H Z N J Y X O H K G L Z
B S T E A A H E V M Y S L F Y V L L X
B A U P L L Q G M Y N L S A J T D O Z
I I P R E H K G M B D N R G K X C I B
J I N U B N O Z R E U W E G Y H M P Q
K O K H N O K B C Z R H X I I L H N
H Q L Q R C E C S D X N O C S G O G Z
G M U G J Z T T A I H S K J T C V S L
V E S T V I G E U B A E Z K F L N D F
H Z L G F H D F K P N M N W J L Q N E
T T E B B Q S E A I T U O W O Z B J X
L E E U D G X M B G P A V R B X G L J
H F V B I Q N L I R E F Z D U P U C T
P J I Y V J K Q A P W R V I R N R G Q
W I N G S R R G C X F U A Y Z D T R V
W N B Y Q R K G S N U Z L M C E A H B
J J W U C C R P J D N B E B C L A S A
H O L Z B A C K O F E N X X B V Z Q O
```

1

DREHSPIESS   HOLZBACKOFEN
CHICKEN WINGS   PUTENBRUST
PAPRIKA GEWUERZ   GARPUNKT
FRIKADELLE   BACON
MAISKOHLE   KETCHUP

```
C O L R A T R D F R I K A D E L L E L
A M B S S E I P S H E R D S F P Z A D
F N T I A D G E J A F S M W A N T U H
J E I U L B H D K Q H S A Q Q J J A
R W T Q O G H I P P D T I I C H L G T
X W T U L U R B V S N B Z U E U Y H S
T A L Y A P X H Z N J Y X O H K G L Z
B S T E A H E V M Y S L F Y V L L X
B A U P L L Q G M Y N L S A J T D O Z
I I P R E H K G M B N R G K X C I B
J I N U B N O Z R E U W E G Y H M P Q
K O K H H N O K B C Z R H X I I L H
H Q L Q R C E C S D X N O C S O G Z
G M U G J Z T T A I H S K J T C V S L
V E S T V I G E U B A E Z K F L N D F
H Z L G F H D F K P N M N W J L Q N E
T T E B B Q S E A I T U O W O Z B J X
L E E U D G X M B G P A V R B X G L J
H F V B I Q N L I R E F Z D U P U C T
P J I Y V K Q A P W R V I R N R G Q
W I N G S R R G C X F U A Y Z D T R V
W N B Y Q R K G S N U Z L M C E A H B
J J W U C C R P J D N B E B C L A S A
H O L Z B A C K O F E N X X B V Z Q O
```

```
R P H H G K I N D P D U U S B E B H V
E R K G U X N O J C S M H D H C J S O
T Z B F A N Q I T R K X L C H B R Q T
E E G P H E I K S P T Z R M K C A X H
M P Y I O K N P N O E A S P N Q K G H
O P R Y T N E I C I O Q P L F I Q L U
M L O C R I K K T Y Z Q H O D P U H G
R A S B M H C A R M H Q D H K H J N Z
E N S Q W C A T Q A C A C B S V Z K L
H C P M F S B I J P U C P V W F V W O
T H B R N F O S L B G T T U G D I Y H
L A U I E U V G A J P R S K K S U R N
L I Y F Y N F N J P O F E A X P K B R
I F Z K Q A A S B Q E J M T L X D X E
R V Q D D M H N E I X R D H Y A B V D
G H Y S D C F C A B G Q T Q L C T U E
A D H J Q A S O O B I X M N R M Q D Z
O G E S E P A C X K L E P F J T M D A
U T U M U P U S D G X L A K V Z U B V
Q W X T F B C U P Y T D I Y I Y C R R
Q Y U C O W E R B B Q G X R H N A M E
N O I T A T S L L I R G L D G D W U Z
B H I S Y Z F S I N G N H I T U N H A
U W S I Q N X Z B Q U I X D M J S G T
```

2

GRILLSTATION
SCHINKEN
BACKEN
PLANCHA
ZEDERNHOLZ

KRAUTSALAT
GYROS
GRILLTHERMOMETER
GRILLBANANE
SAUCE

Lösung

```
R P H H G K I N D P D U U S B E B H V
E R K G U X N O J C S M H D H C J S O
T Z B F A N Q I T R K X L C H B R Q T
E E G P H E I K S P T Z R M K C A X H
M P Y I O K N P N O E A S P N Q K G H
M P R O C R I K K T Y Z Q H O D P U H G
R A S B M H C A R M H Q D H K H J N Z
E N S Q W C A T Q A C A C B S V Z K L
H C P M F S B I J P U C P V W F V W O
T H B R N F O S L B G T T U G D I Y H
L A U I E U V G A J P R S K K S U R N
I I Y F Y N F N J P O F E A X P K B R
R F Z K Q A A S B Q E J M T L X D X E
G V Q D D M H N E I X R D H Y A B V D
G H Y S D C F C A B G Q T Q L C T U E
A D H J Q A S O O B I X M N R M Q D Z
O G E S E P A C X K L E P F J T M D A
U T U M U P U S D G X L A K V Z U B V
Q W X T F B C U P Y T D I Y I Y C R R
Q Y U C O W E E R B B Q G X R H N A M E
N O I T A T S L L I R G L D G D W U Z
B H I S Y Z F S I N G N H I T U N H A
U W S I Q N X Z B Q U I X D M J S G T
```

```
E  T  N  L  O  B  L  Z  V  M  F  V  F  X  T  B  J  B  R
D  C  W  V  Q  J  J  P  M  A  G  K  X  V  E  C  P  G  O
X  K  T  P  I  U  H  Z  Y  Z  X  V  J  O  D  L  X  E  D
N  W  E  J  X  X  I  R  D  L  W  U  W  N  Y  K  E  P  F
B  C  R  U  E  T  T  A  L  P  L  L  I  R  G  V  P  K  J
B  A  R  V  T  R  I  D  L  I  A  G  M  X  H  Z  U  K  G
V  P  A  G  R  I  L  L  S  P  I  E  S  S  E  B  S  F  R
Z  C  S  R  E  X  U  W  F  F  R  O  M  L  N  L  V  U  I
F  W  S  O  V  L  S  Z  Z  B  A  C  O  N  G  O  G  C  L
A  I  E  E  N  N  A  F  P  L  L  I  R  G  S  S  U  R  L
V  J  I  W  C  K  T  X  W  T  L  T  N  T  Z  W  W  C  B
A  B  V  S  F  J  C  T  P  Z  V  H  S  S  L  Y  U  I  Y
K  O  J  W  G  T  S  W  J  X  N  U  X  A  R  Z  U  I  E
I  M  V  A  D  R  P  B  C  Z  R  F  S  S  O  E  C  U  K
R  B  Z  N  B  O  V  W  R  B  C  Z  P  G  B  G  T  J  Z
P  V  F  L  W  P  K  Q  N  M  F  R  W  V  E  I  W  H  I
A  J  X  G  V  F  Q  E  O  Z  D  X  X  H  R  V  T  Q  G
P  V  T  W  M  S  H  P  P  W  F  I  W  Q  H  Y  B  F  P
L  E  I  G  C  C  Y  Z  N  K  Y  W  S  V  I  K  A  G  A
L  C  C  A  N  H  Q  L  Z  S  P  K  Z  Y  T  Z  A  Q  O
I  S  C  H  I  A  V  D  E  G  A  Y  R  D  Z  T  K  L  P
R  T  E  A  W  L  V  P  R  W  M  C  H  U  E  D  W  F  D
G  A  D  L  O  E  W  I  K  B  Q  I  Y  W  B  E  V  E  Z
H  H  A  J  N  M  H  D  Y  U  L  B  T  D  O  Q  Y  Z  A
```

TROPFSCHALE

GRILLSPIESSE

GRILLPLATTE

OBERHITZE GRILL

BACON BOMB

TERRASSE

DRYAGED

GRILLPAPRIKA

HAEHNCHENBRUST

GRILLPFANNE

```
E T N L O B L Z V M F V F X T B J B R
D C W V Q J J P M A G K X V E C P G O
X K T P I U H Z Y Z X V J O D L X E D
N W E J X X I R D L W U W N Y K E P F
B C R U E T T A L P L L I R G V P K J
B A R V T R I D L I A G M X H Z U K G
V P A G R I L L S P I E S S E B S F R
Z C S R E X U W F F R O M L N L V U I
F W S O V L S Z Z B A C O N G O G C L
A I E E N N A F P L L I R G S S U R L
V J I W C K T X W T L T N T Z W W C B
A B V S F J C T P Z V H S S L Y U I Y
K O J W G T S W J X N U X A R Z U I E
I M V A D R P B C Z R F S S O E C U K
R B Z N B O V W R B C Z P G B G T J Z
P V F L W P K Q N M F R W V E I W H I
A J X G V F Q E O Z D X X H R V T Q G
P V T W M S H P P W F I W Q H Y B F P
L E I G C C Y Z N K Y W S V I K A G A
L C C A N H Q L Z S P K Z Y T Z A Q O
I S C H I A V D E G A Y R D Z T K L P
R T E A W L V P R W M C H U E D W F D
G A D L O E W I K B Q I Y W B E V E Z
H H A J N M H D Y U L B T D O Q Y Z A
```

P	O	H	C	S	I	E	L	F	D	N	I	R	R	M	C	Z	O	W
A	W	M	N	C	A	J	Q	N	G	P	B	K	Y	W	V	N	V	M
E	S	A	H	B	H	J	A	C	X	K	G	S	J	F	U	Q	H	B
A	C	A	E	V	K	B	C	H	R	A	M	O	V	Y	C	I	H	S
D	H	C	Z	Q	W	D	M	D	A	G	Q	T	B	G	R	M	R	L
C	W	Z	I	O	Z	H	M	W	O	H	Y	Y	B	I	S	K	Q	L
S	E	N	Q	T	P	Z	H	E	X	E	M	H	Q	U	K	X	A	A
P	I	E	N	D	Q	W	W	P	J	D	C	E	V	G	L	H	E	U
N	N	D	P	J	S	I	C	T	R	N	I	F	Q	M	D	W	M	R
R	E	T	O	C	R	E	V	A	U	E	N	W	G	E	G	B	A	Q
Y	B	B	W	N	U	B	N	X	R	N	L	W	I	S	J	N	R	D
Q	A	B	L	I	A	E	E	L	H	E	N	Z	Y	A	R	H	I	V
R	U	L	N	O	X	L	E	O	K	H	B	A	C	P	S	L	N	F
S	C	A	O	T	K	N	J	C	T	C	O	U	Y	N	L	R	I	D
M	H	L	B	T	Q	S	E	F	E	O	G	W	O	O	M	K	E	S
A	S	S	T	H	I	D	I	C	U	W	R	Q	F	I	Q	P	R	V
U	J	T	L	R	L	L	H	A	P	E	V	J	R	C	O	K	S	X
E	W	L	D	L	P	O	J	O	M	K	L	K	H	C	G	E	P	J
A	V	F	I	C	R	N	E	U	G	G	J	L	L	C	K	I	R	I
S	T	R	G	K	U	L	K	X	V	D	H	C	U	B	X	I	I	U
I	G	J	J	Q	E	Z	F	B	C	V	J	Y	L	N	X	J	T	H
X	O	V	K	L	E	Y	R	T	F	C	D	O	K	G	G	D	Z	S
L	D	P	I	V	R	U	F	O	J	R	B	N	H	V	D	P	E	D
J	Z	Q	Q	X	C	D	P	D	F	Z	O	C	Q	U	V	J	B	X

OELE
RINDFLEISCH
GRILLDECKEL
MARINIERSPRITZE
MAISKOLBEN

BBQ
WOCHENENDE
FUELLUNG
ZWIEBELN
SCHWEINEBAUCH

```
P O H C S I E L F D N I R R M C Z O W
A W M N C A J Q N G P B K Y W V N V M
E S A H B H J A C X K G S J F U Q H B
A C A E V K B C H R A M O V Y C I H S
D H C Z Q W D M D A G Q T B G R M R L
C W Z I O Z H M W O H Y Y B I S K Q L
S E N Q T P Z H E X E M H Q U K X A A
P I E N D Q W W P J D C E V G L H E U
N N D P J S I C T R N I F Q M W P M R
R E T O C R E V A U E N W G E G B A Q
Y B B W N U B N X R N L W I S J N R D
Q A B L I A E E L H E N Z Y A R H I V
R U L N O X L E O K H B A C P S L N F
S C A O T K N J C T C O U Y N L R I D
M H L B T Q S E F E O G W O O M K E S
A S S T H I D I C U W R Q F I Q P R V
U J T L R L L H A P E V J R C O K S X
E W L D L P O J O M K L K H C G E P J
A V F I C R N E U G G J L L C K I R I
S T R G K U L K X V D H C U B X I I U
I G J J Q E Z F B C V J Y L N X J T H
X O V K L E Y R T F C D O K G G D Z S
L D P I V R U F O J R B N H V D P E D
J Z Q Q X C D P D F Z O C Q U V J B X
```

```
E J Q Z Z S C H M O R E N O U O K B I
H U C O G S P A R E R I B S W R X W L
C D T W K R A S L Y L C N E O J A J J
R X E G R K L Q A U Q U V E R O M X C
X H N R O W Z I E E U Z S S M I Z O R
Y U C N F H G U D C U T V X M N L U K
R J Q P J Y N Z U S A L T P E O N L D
F G P I I D M A P R C A E M R M U Y C
I V C W Z L M S O L J I Y N Q Z B G A
V Z E T T O Z M F H U N X U G G T J D
V N M X U H E P G E P S N A C R V C Q
V Z V Q L N Q Q V C U C R B C I I X U
M C A Z G A A U U N T E Y B F B M L J
Y A P Q M I M U W K A S R N N P D I L
S J C W E B S O G I N X M D R X W F E
L N B T T K C P H Z J F F V O L D R G
C T T N S L O G K B Q F H X C L Q L V
H B H G C W D R R E M M A K T P U A H
P J P W N V T X A K I R P A P J T W D
G F K K T W B G D X F T W I F N F E Y
O N I W A T E R S M O K E R G V E A S
Q P A D L I V H O Z R I R Z Z R M I C
V D G M W E S E U M E G L L I R G U B
M M J H I I R G J W K O S L Q R E F P
```

5

GLUT

WATERSMOKER

FEUER

ROESTAROMEN

SAEULENGRILL

HAUPTKAMMER

PAPRIKA

SCHMOREN

SPARERIBS

GRILLGEMUESE

Lösung

```
E J Q Z Z S C H M O R E N O U O K B I
H U C O G S P A R E R I B S W R X W L
C D T W K R A S L Y L C N E O J A J J
R X E G R K L Q A U Q U V E R O M X J
X H N R O W Z I E E U Z S S M I Z O R
Y U C N F H G U D C U T V X M N L U K
R J Q P J Y N Z U S A L T P E O N L D
F G P I I D M A P R C A E M R M U Y C
I V C W Z L M S O L J I Y N Q Z B G A
V Z E T T O Z M F H U N X U G G T J D
V N M X U H E P G E P S N A C R V C Q
V Z V Q L N Q Q V C U C R B C I I X U
M C A Z G A A U U N T E Y B F B M L J
Y A P Q M I M U W K A S R N N P D I L
S J C W E B S O G I N X M D R X W F E
L N B T T K C P H Z J F F V O L D R G
C T T N S L O G K B Q F H X C L Q L V
H B H G C W D R R E M M A K T P U A H
P J P W N V T X A K I R P A P J T W D
G F K K T W B G D O X F T W I F N F E
O N I W A T E R S M O K E R G V E A S
Q P A D L I V H O Z R I R Z Z R M I C
V D G M W E S E U M E G L L I R G U B
M M J H I I R G J W K O S L Q R E F P
```

```
O L R E M B P Y I D Z M X P W C A W B
K O E X K A X R I V H G B J N W N T G
K V G E S B N L M C P Z C T O R O R S
J D R I E R X P E S V F O M E V H A Q
T S U N Q B F P A T W C X H J R Y M W
Q E B B B X S L V N G I C Y N P F W I
K Z P R Z K A W W R J U V R D Y M K L
E D D E O T N I S S E S X J T P Q B C
L P I N P X E W T A H G P V I J T A I
A T F N T P H N R L P B O I R F C R O
B J W E O C Z P V R H O C W U F B R
F X S N N H T D J T K T B W K F H E N
O K H A E L S Y K Z J W V A A U I C S
H O J S T X R N F X B L E N T X S U W
E O T F A N E O O J J T S Y M C V E O
H I O P R I U W D L S S F L X Y W Z A
P G P W B A W A K N A D D E K P W Z
W I S J Y K D L E S D F U Z S A L Z P
F E T Q C H O K U X W A L L V X M Y J
C I O C L G C A O O M K E D D I J H H
R S H A A A Y Q Q U I I W V Q D L M P
V R D B N C D L Z Q X S B A F G I H I
V V B A M W R S X G J M O Q Z D Z N A
I S K P S E Q Y I T D A W G W H K Z L
```

6

BARBECUE   NACKENSTEAK

EINBRENNEN   SALZ

BRATEN   WUERSTCHEN

SALAT   BURGER

HOTSPOT   RAEUCHERN

Lösung

```
O L R E M B P Y I D Z M X P W C A W B
K O E X K A X R I V H G B J N W N T G
K V G E S B N L M C P Z C T O R O R S
J D R I E R X P E S V F O M E V H A Q
T S U N Q B F P A T W C X H J R Y M W
Q E B B B X S L V N G I C Y N P F W I
K Z P R Z K A W W R J U V R D Y M K L
E D D E O T N I S S E S X J T P Q B C
L P I N P X E W T A H G P V I J T A I
A T F N T P H N R L P B O I R F C R O
B J W E G O C Z P V R H O C W U F B R
F X S N N H T D J T K T B W K F H E N
O K H A E L S Y K Z J W V A A U I C S
H O J S T X R N F X B L E N T X S U W
E O T F A N E O O J J T S Y M C V E O
H I O P R I U W D L S S F L X Y W Z A
P G P W B A W A K N A D D E K P P W Z
W I S J Y K D L E S D F U Z S A L Z P
F E T Q C H O K U X W A L L V X M Y J
C I O C L G C A O O M K E D D I J H H
R S H A A A Y Q Q U I W V Q D L M P
V R D B N C D L Z Q X S B A F G H I I
V V B A M W R S X G J M O Q Z D Z N A
I S K P S E Q Y I T D A W G W H K Z L
```

```
Y  J  S  Z  U  I  T  S  F  Z  L  X  U  R  R  P  E  Y  Z
H  H  V  U  E  G  E  M  M  O  X  W  S  E  O  U  E  T  V
C  F  C  N  C  U  X  J  G  E  V  R  D  L  V  P  W  C  S
W  I  O  X  V  N  G  H  F  D  M  N  A  S  C  I  Z  U  F
L  D  S  Y  U  Y  E  G  K  Z  E  U  B  D  N  X  O  B  G
R  Z  G  Q  K  Y  E  S  F  H  U  A  I  K  T  C  B  N  Z  Y
F  K  P  M  V  L  J  O  Z  R  V  T  E  H  S  B  T  I  N
C  C  U  Q  J  X  L  N  D  I  C  R  A  B  Q  B  Q  L  E
R  J  Q  Y  S  Z  A  O  U  P  G  M  X  A  F  V  G  J  Q
F  D  H  I  C  L  N  C  Z  R  P  B  G  C  B  V  A  O  C
N  G  R  H  L  A  L  X  I  I  E  L  K  K  G  S  R  R  T
A  D  I  I  K  G  W  L  G  E  I  G  A  O  L  F  E  T  S
V  P  R  T  W  O  L  N  D  W  U  E  J  F  A  C  N  C  O
S  G  L  P  X  E  O  I  E  O  U  V  J  E  Z  O  F  Q  R
D  W  Y  U  N  N  L  L  E  C  N  Y  Z  N  E  M  Q  V  L
O  W  M  X  S  L  L  A  P  M  Z  T  C  T  L  G  Q  O  L
H  I  Q  P  I  M  Q  I  N  D  Z  T  S  B  S  O  U  Y  I
J  Q  D  R  W  S  P  W  Z  U  E  R  C  B  S  I  X  Y  R
W  T  G  R  F  A  A  E  V  P  R  S  I  X  I  F  C  J  G
G  E  L  I  D  I  K  N  D  O  C  G  Y  O  E  L  H  L  B
L  M  L  U  T  R  T  Y  J  S  M  F  O  O  U  V  R  H  J
N  U  Y  V  R  Z  B  W  I  U  U  D  F  Z  U  J  U  F  R
M  I  X  M  L  U  V  E  L  J  I  F  C  K  H  P  L  X  N
P  K  V  X  N  J  D  C  N  V  V  R  K  F  T  B  J  I  G
```

GRILLANZUENDER   HOLZCHIPS

GLAZE   GRILLROST

WELL DONE   GRILLIDEE

GAREN   CHAMPIGNONS

WINTERGRILLEN   BACKOFEN

Lösung

```
Y J S Z U I T S F Z L X U R R P E Y Z
H H V U E G E M M O X W S E O U E T V
C F C N C U X J G E V R D L V P W C S
W I O X V N G H F D M N A S C I Z U F
L D S Y U Y E G K Z E U B D N X O B G
R Z G Q K Y E F H U A I K T C B N Z Y
F K P M V L J O Z R V T E H S B T I N
C C U Q J X L N D I C R A B Q B Q L E
R J Q Y S Z A O U P G M X A F V G J Q
F D H I C L N C Z R P B G C B V A O C
N G R H L A X I I E L K K G S R R T
A D I I K G W L G E I G A O L F E T S
V P R T W O L N D W U E J F A C N C O
S G L P X E O I E O U V J E Z O F Q R
D W Y U N N L L E C N Y Z N E M Q V L
O W M X S L L A P M Z T C T L G Q O L
H I Q P I M Q I N D Z T S B S O U Y I
J Q D R W S P W Z U E R C B S I X Y R
W T G R F A A E V P R S I X I F C J G
G E L I D I K N D O C G Y O E L H L B
L M L U T R T Y J S M F O O U V R H J
N U Y V R Z B W I U U D F Z U J U F R
M I X M L U V E L J I F C K H P L X N
P K V X N J D C N V V R K F T B J I G
```

```
V A T C Q W E D A N I R A M P C R Q S
T Z N A H I T Z J G C H N S N Z V S W
Q Z X O A U G Y S W W H V W C M R I I
F I D O W K N S A R S S E U S F Y J Q
S P C J F V H K M U I D E M S B E K O
P O W U K O T M S G D I N R L Y Q T Y
S C H W E I N E N A C K E N S F Q X T
K X P G I S K O N H N V N O S I R A Y
Z D O I I E Q U G R I L L Z O N E O R
C O L X O P J U Q O O Z N V H U S F Y
I W P B N K V E Y I Q T S O O Y H P J
S E G N K O C H E N I J R W S C P O D
H D B J O D I Z S Q D J X Q V Z S Q R
W C Y O R A H G H N U K C N U K A H L
U T S Q S U T J D K E T O G Z L F N J
H R G I Z S P X P H N B H U F G X Y Y
P I O B E V C U L X S S D J M U F C Y
G P H D H L R M K I Z L S M J S F U K
K R T D L R F U K E Z Z G G O S E L H
I P X Q I U X E I D H Q N J G E O B R
S U T D K N C N H Z E O M W T I L X Q
U B P O F I X D P C A Y Q Q Y S C Y C
P Z A N P J W H A F S N U T Y E J P E
L I G U F N J D P L C A J B E N Q S X
```

MARINADE
GRILLZONE
KOCHEN
PIZZA
FETT

SCHWEINENACKEN
MEDIUM
ASCHEFLEISCH
GUSSEISEN
CHUNKS

```
V A T C Q W E D A N I R A M P C R Q S
T Z N A H I T Z J G C H N S N Z V S W
Q Z X O A U G Y S W W H V W C M R I I
F I D O W K N S A R S S E U S F Y J Q
S P C J F V H K M U I D E M S B E K O
P O W U K O T M S G D I N R L Y Q T Y
S C H W E I N E N A C K E N S F Q X T
K X P G I S K O N H N V N O S I R A Y
Z D O I I E Q U G R I L L Z O N E O R
C O L X O P J U Q O O Z N V H U S F Y
I W P B N K V E Y I Q T S O O Y H P J
S E G N K O C H E N I J R W S C P O D
H D B J O D I Z S Q D J X Q X V Z S Q
W C Y O R A H G H N U K C N U K A H L
U T S Q S U T J D K E T O G Z L F N J
H R G I Z S P X P H B H U F G X Y Y
P I O B E V C U L X S S D J M U F C Y
G P H D H L R M K I Z L S M J S F U K
K R T D L R F U K E Z Z G G O S E L H
I P X Q I U X E I D H Q N J G E O B R
S U T D K C N C N H Z E M W T I L X Q
U B P O F I X D P C A Y Q Q Y S C Y C
P Z A N P J W H A F S N U T Y E J P E
L I G U F N J D P L C A J B E N Q S X
```

```
V D G X N M G A V H F L C O G D Z V C
F Y U G R Z W V T C T Y G W W P O W Z
T G I Y U I I U H S U K E F X L H N K
R J J J Z Q U K I F L E Y L A J E Z
B S J S E W Y H M E C R I J O T N I A
O V N N U I Q E V L Q P Z D T E L N T
F H Z O Y L W V G F T P W W U A E O E
F V T A L R W B I T S P V L S U Z E T
Z F H V U L C W O A O R L M G P T L P
T Y Q I T P I S V R R I Z Q R H U E P
U X J T P U L A G B R U V D I A R N C
H S Z E B A G J D G Y T L L L S B F B
C H P W E N R Y O E T E A R L E L B C
S V T R N F R R Q U M J E S J F H Y R
D B M U Z Z T Z N N T E E A Q W G M U
N S K M Z S C W X F W L B J O N Y T Z
I X E J A Y W R R Q T H S C D S S V A
W B B G S O J U B B O O V W L R P R P
S U A E V T G U W B M K C P W O K C U
B W U M Z T V A N R A Z A N H G L G K
M N D G D T G M V A T L E O Q J S F M
C O Z Y D C S H J M E O Z P E G P A P
Y M T Z S F G L V N H Z W S X P S W
F R I D I J W U X K N M W C I U E B G
```

LOTUSGRILL   ROST EINOELEN
BRUTZELN   BRATFLEISCH
WINDSCHUTZ   TOMATEN
PLATEAUPHASE   GASTROGRILL
MEDAILLONS   HOLZKOHLE

```
V D G X N M G A V H F L C O G D Z V C
F Y U G R Z W V T C T Y G W W P O W Z
T G I Y U I I U H S U K E F X L H N K
R J J J Z Q U U K I F L E Y L A J E Z
B S J S E W Y H M E C R I J O T N I A
O V N N U I Q E V L Q P Z D T E L N T
F H Z O Y L W V G F T P W W U A E O E
F V T A L R W B I T S P V L S U Z E T
Z F H V U L C W O A R L M G P T L P
T Y Q I T P I S V R I Z Q R H U E P
U X J T P U L A G B R U V D I A R N C
H S Z E B A G J D G Y T L L L S B F B
C H P W E N R Y O E T E A R L E L B C
S V T R N F R R Q U M J E S J F H Y R
D B M U Z Z T Z N N T E E A Q W G M U
N S K M Z S C W X F W L B J O N Y T Z
I X E J A Y W R R Q T H S C D S S V A
W B B G S O J U B B O O V W L R P R P
S U A E V T G U W B M K C P W O K C U
B W U M Z T V A N R A Z A N H G L G K
M N D G D T G M V A T L E O Q J S F M
C O Z Y D C S H J M E O Z P E G P A P
Y M T Z S F G F L V N H Z W S X P S W
F R I D I J W U X K N M W C I U E B G
```

```
W  C  M  R  M  J  E  Y  G  A  D  M  E  R  L  G  G  X  X
O  O  G  D  L  T  E  P  X  R  P  R  Y  W  E  M  G  V  Y
Z  D  M  M  T  P  Z  F  S  R  I  T  X  E  N  R  I  E  S
H  F  P  G  T  L  U  E  F  M  H  L  P  S  K  F  S  I  P
O  Q  S  J  A  I  C  D  M  E  S  A  L  V  S  S  Z  G  D
V  W  O  F  J  B  I  R  R  I  T  C  S  H  S  Y  T  G  K
Y  G  Z  U  Y  K  L  M  N  T  F  Z  Y  U  I  W  Z  E  V
I  W  M  Y  R  F  O  B  Y  Z  E  H  C  R  G  T  M  V  J
V  K  N  Y  M  M  F  E  P  J  Z  A  N  W  B  P  Z  Y  H
R  O  C  I  E  I  E  T  V  N  X  P  K  G  V  T  F  E  I
R  D  U  T  F  E  X  A  S  S  O  R  K  E  T  N  C  G  Y
T  C  E  W  Q  R  M  M  A  V  R  Q  Z  S  S  E  D  N  B
A  R  P  D  F  E  H  O  V  M  I  Z  N  Q  R  Y  W  A  B
Y  O  Q  G  R  F  J  T  X  R  N  I  E  V  U  F  J  A  T
U  A  E  Y  S  W  N  L  S  P  H  O  H  X  W  C  J  F  D
G  S  M  C  Q  Z  T  L  J  E  B  J  C  W  T  C  D  I  I
Y  C  Z  C  U  E  E  I  E  K  Z  E  T  Z  A  H  B  F  M
T  E  S  M  O  K  E  R  K  K  D  M  E  U  R  U  J  V  D
O  F  S  K  K  S  F  G  X  O  W  F  O  C  B  U  I  N  M
V  P  Q  H  U  S  L  H  I  N  G  O  R  Y  Y  M  D  D  D
F  L  A  C  H  G  R  I  L  L  E  N  B  Q  V  R  T  M  K
B  Z  Z  O  J  N  Y  Y  Q  Z  J  T  N  J  A  N  M  O  W
O  J  B  I  C  E  L  X  K  E  A  C  O  N  Z  Q  J  S  K
M  H  W  X  B  I  F  P  G  Z  F  U  Z  W  H  B  O  Z  I
```

GRILLTOMATE
FLACHGRILLEN
GRILLHITZE
BROETCHEN
VEGGIE

THERMOMETER
PATTY
SMOKER
BRATWURST
KROSS

Lösung

```
W C M R M J E Y G A D M E R L G G X X
O O G D L T E P X R P R Y W E M G V Y
Z D M M T P Z F S R I T X E N R I E S
H F P G T L U E F M H L P S K F S I P
O Q S J A I C D M E S A L V S S Z G D
V W O F J B I R R I T C S H S Y T G K
Y G Z U Y K L M N T F Z Y U I W Z E V
I W M Y R F O B Y Z E H C R G T M V J
V K N Y M M F E P J Z A N W B P Z Y H
R O C I E I E T V N X P K G V T F E I
R D U T F E X A S S O R K E T N C G Y
T C E W Q R M M A V R Q Z S S E D N B
A R P D F E H O V M I Z N Q R Y W A B
Y O Q G R F J T X R N I E V U F J A T
U A E Y S W N L S P H O H X W C J F D
G S M C Q Z T L J E B J C W T C D I I
Y C Z C U E E I E K Z E T Z A H B F M
T E S M O K E R K K D M E U R U J V D
O F S K K S F G X O W F O C B U I N M
V P Q H U S L H I N G O R Y Y M D D D
F L A C H G R I L L E N B Q V R T M K
B Z Z O J N Y Y Q Z J T N J A N M O W
O J B I C E L X K E A C O N Z Q J S K
M H W X B I F P G Z F U Z W H B O Z I
```

```
L W L N R G W E Y K Q R R U J U E I L
V Z T P L I N Y V F B S R D B Y O X O
Y P K R O E P G I Y B V L F S C D M N
Q Q E Q Y M F Q V P D H K A D G K S G
G R R X E O C F A M Y L O J R X N Y L
P F N G Z C C X O B H F P I J B Z A H
M B T L H N H A R T G A L T Z M L B O
H R E X M X A B R N R L H U S U B W O
T S M J F O K I M M K A P Y M K E L P
T I P E J L I J B A I Q K I G I E H L
U U E I Y L N R E H U N N L R I V B S
U P R C W O R S R K N I J B L K P U J
U L A F R G E S O Z U F D E B I W E S
T O T F L Y T A M M E B O A A A R B A
C F U G W W G H R V J N R C D C S G R
T Y R J G D V O T H Q J S O K R S D G
W B Q U I T S A W Y B A G U E T T E N
D Q W Y Q T Y J J Z K R V Y C E L B L
O J S T W K X T O L P P A T I N A W L
S B D H E J W Q Z B U T U Y U M T A D
X I W F F U I A C K C C D X B H Q K D
Z R E U W E G Y R R U C L U O M Q P Z
X H S S Z I P F V N B X K A E S S O S
C E Y V V D V D H X P O T A W J E T F
```

11

GRILLKAESE

BAGUETTE

BAMBUKO

PATINA

ALUMINIUMROST

BBQ SOSSE

CURRYGEWUERZ

LONG JOB

GRILLKARTOFFEL

KERNTEMPERATUR

Lösung

```
L W L N R G W E Y K Q R R U J U E I L
V Z T P L I N Y V F B S R D B Y O X O
Y P K R O E P G I Y B V L F S C D M N
Q Q E Q Y M F Q V P D H K A D G K S G
G R R X E O C F A M Y L O J R X N Y L
P F N G Z C C X O B H F P I J B Z A H
M B T L H N H A R T G A L T Z M L B O
H R E X M X A B R N R L H U S U B W O
T S M J F O K I M M K A P Y M K E L P
T I P E J L I J B A I Q K I G I E H L
U U E I Y L N R E H U N N L R I V B S
U P R C W O R S R K N I J B L K P U J
U L A F R G E S O Z U F D E B I W E S
T O T F L Y T A M E B O A A A R B A
C F U G W W G H R V J N R C D C S G R
T Y R J G D V O T H Q J S O K R S D G
W B Q U I T S A W Y B A G U E T T E N
D Q W Y Q T Y J J Z K R V Y C E L B L
O J S T W K X T O L P P A T I N A W L
S B D H E J W Q Z B U T U Y U M T A D
X I W F F U I A C K C C D X B H Q K D
Z R E U W E G Y R R U C L U O M Q P Z
X H S S Z I P F V N B X K A E S S O S
C E Y V V D V D H X P O T A W J E T F
```

```
G K F T W B T V D X P P Q Y W D P P C
K L H R F M V P I J H X L G F I U S H
X A L M Q D E W W J W K N J G L S B P
V F Q I M F Q K C K R T I Z R G Y O H
X R V K R X P B X A Z G O N K T H I O
F E S E R G Y G M E T O X S I W H Q T
Z D B T G Y S B E T E U C L N X O H U
Z N W P N J Q A D S X W U H B Z K C U
X U Z W U L W L G N A H U J J Q D J G
F O L U Z L B O L E S H A R D J E S A
T P O E P T L B O T K M R Q N U S N R
B R P R P M G E T U R Z W T L Z W L T
U E Y Z H O W G D N U V U Q X M A Z E
B T L M D U R U I I E R O Y W M T Y N
V A A I C Q K K R M C U O G M Q Y L G
Z U C S V K E S L A K C A S J X J Y R
Y Q H C S F J B L F E B P P N P F A I
E P S H J U V N Y Z H I I Y X L I J L
S C S U C B S T F K E T Y O K C H I L
B G P N U I H K D S M Y Z V T M U R A
F T I G I P H N S X N Q C V B K H L K
C V E V Q D E Q V Y R N O H L W K C Y
Z V S K F V V B N M H P Y B Y Q L L F
U I S K R J E N B H U M D A J X V U K
```

12

GASGRILL

WUERZMISCHUNG

QUATERPOUNDER

PULLED PORK

LACHSSPIESS

MINUTENSTEAK

LAMMSPIESS

TEXASKRUECKE

HUHN

GARTENGRILL

```
G K F T W B T V D X P P Q Y W D P P C
K L H R F M V P I J H X L G F I U S H
X A L M Q D E W W J W K N J G L S B P
V F Q I M F Q K C K R T I Z R G Y O H
X R V K R X P B X A Z G O N K T H I O
F E S E R G Y G M E T O X S I W H Q T
Z D B T G Y S B E T E U C L N X O H U
Z N W P N J Q A D S X W U H B Z K C U
X U Z W U L W L G N A H U J J Q D J G
F O L U Z L B O L E S H A R D J E S A
T P O E P T L B O T K M R Q N U S N R
B R P R P M G E T U R Z W T L Z W L T
U E Y Z H O W G D N U V U Q X M A Z E
B T L M D U R U I I E R O Y W M T Y N
V A A I C Q K K R M C U O G M Q Y L G
Z U C S V K E S L A K C A S J X J Y R
Y Q H C S F J B L F E B P P N P F A I
E P S H J U V N Y Z H I I Y X L I J L
S C S U C B S T F K E T Y O K C H I L
B G P N U I H K D S M Y Z V T M U R A
F T I G P H N S X N Q C V B K H L K
C V E V Q D E Q V Y R N O H L W K C Y
Z V S K F V K B N M H P Y B Y Q L L F
U I S K R J E N B H U M D A J X V U K
```

```
A T Q T J A Z P N R Y K M B R M R U P
P T T Y Q M L F K P S X A W A G T I L
W Z A C Z P W P H L D D V R H P R P H
I Z R T D F B O U L E T T E W I D F W
H K K M A G X P Q G G G X D P D Y J W
A L D L X U Q T P Q R T E P V A S N N
I A X R Y U I H Z I Q S C J I Z G X E
M O U R A F P Z L U W H R I A I B G P
Z W A Q J O G L E U E L G C X S Y A Z
F N O B J H A L R N L F G M Y K X C D
X F I N T S F S X I J A C Y O M F Q J
H A Q M C T T G Z C R Y X K P G T J Z
D Q A H A S R G D T G E O A H G G Z U
I I E D P K F E E E Z K K K G C Q C J
I U H I H S D M F D O K B O T J W K V
Y O E M A J P N K F Z B P X H T T K B
E S J A W E I P E K E J D K D L Z R T
S E T V R G Q X U Q F V N Q A E L O
X B S A N P H W X J Z Z P G B I Y N U
L A T H L Q O S K F B N P V M U M G A
K U K J T H U N P O X D A H Y A T Q P
R B F K Z T A O U X U M L U D A B F B
G H O R Q C H C L L I R G L E U K M
Q U Q D Q Z J F D V S F Y K M O Z B J
```

13

PFEFFER
WURSTSPIESS
RIPPCHEN
KOHLE
ANZUENDKAMIN

BOULETTE
KOKOKO
GRILLASCHE
GARTEMPERATUR
KUGELGRILL

Lösung

```
A T Q T J A Z P N R Y K M B R M R U P
P T T Y Q M L F K P S X A W A G T I L
W Z A C Z P W P H L D D V R H P R P H
I Z R T D F B O U L E T T E W I D F W
H K K M A G X P Q G G G X D P D Y J W
A L D L X U Q T P Q R T E V A S N N
I A X R Y U I H Z I Q S C J I Z G X E
M O U R A F P Z L U W H R I A I B G Z
Z W A Q J O G L E U E L G C X S Y A Z
F N O B J H A L R N L F G M Y K X C D
X F I N T S F S X I J A C Y O M F Q J
H A Q M C T T G Z C R Y X K P G T J Z
D Q A H A S R G D T G E O A H G G Z U
I I E D P K F E E Z K K K G C Q C J
I U H I H S D M F D O K B O T J W K V
Y O E M A J P N K F Z B P X H T T K B
E S J A W E I P E K E J D K D L Z R T
S E T V R G Q O H X U Q F V N Q A E L O
X B S A N P H W X J Z Z P G B I Y N U
L A T H L Q O S K F B N P V M U M G A
K U K J T H U N P O X D A H Y A T Q P
R B F K Z T A O U X U M L U D A B F B
G H O R Q C H C L L I R G L E G U K M
Q U Q D Q Z J F D V S F Y K M O Z B J
```

```
T R Z R V X G V P K P Z Q Z V X S T N
D L R A E U C H E R H O L Z H O L O L
U X C F N G J H J T I H R H K K D X C
P X I C K P K S V H Z Q J C L M E I R
C D Q H E O C R W K P T Q Q F N H J F
R E S X A Z Q A L O Z J N T F O Y S C
S K D D S U L K L I K Q M W V C E V D
T Q H A R H B I W Z R H G Y Y M F B Z
Y M M J N U U W P C O T S E P W S D B
L L R F K A Y V N C W N F Z F U P A J
E Q W U U R P T K I O K E Q R P U B X
E I T D B E A Y C V S G H O S M G G G
L A N O U R H R W H B H E E K X L V H
I M Q A M U M B E J U R V U H T V Q C
D J Q L M X F L W J K R C S S N R D M
L I I C T E W H L A S H R O M M U Z M
X M T F F J V H R X E B R A T L J G R
U V A I G G F A K N B S R Y S V B F H
N I L M G N U K C L S T B L O C P X Z
I E S K A E T S D U U W D X M Z O L O
V L N R S J E G T G D B N M Q K B B
Y W P T B M U T D J Z C L Q M Y C G U
X G P I L S X X N Q V L F L W R X R X
K L U F U Z W T T D X H Y F K Q Y R X
```

STEAK

BAUMKUCHEN

CALZONE

RAEUCHERHOLZ

PANADE

CHURRASCO

CAVEMAN STYLE

PILZE

GUSSROST

RARE

Lösung

```
T R Z R V X G V P K P Z Q Z V X S T N
D L R A E U C H E R H O L Z H O L O L
U X C F N G J H J T I H R H K K D X C L
P X I C K P K S V H Z Q J C L M E I R
C D Q H E O C R W K P T Q Q F N H J F
R E S X A Z Q A L O Z J N T F O Y S C
S K D D S U L K L I K Q M W V C E V D
T Q H A R H B I W Z R H G Y Y M F B Z
Y M M J N U U W P C O T S E P W S D B
L L R F K A Y V N C W N F Z F U P A J
E Q W U U R P T K I O K E Q R P U B X
E I T D B E A Y C V S G H O S M G G G
L A N O U R H R W H B H E E K X L V H
I M Q A M U M B E J U R V U H T V Q C
D J Q L M X F L W J K R C S N R V M
L I I C T E W H L A S H R O M M U Z M
X M T F F J V H R X E B R A T L J G R
U V A I G G F A K N B S R Y S V B H
N I L M G N U K C L S T B L O C P X Z
I E S K A E T S D U U W D X M Z O L O
V L N R S R J E G T G B A H M M Q K B B
Y W P T B M U T D J Z C L Q M Y C G U
X G P I L S X X N Q V L F L W R X R X
K L U F U Z W T T D X H Y F K Q Y R X
```

```
B E R P L S Q V H A M W M E K G C P Y
Z R M M S E M G V G P X S Y K J N M P
L X E M A X H C H V D A S A P A E E S
E E C K W D A W D O N I E J Y L R N E
O W S K K J D U Y K O T I A U U H S X
L B R O N I N S E I S G P T W F I E U
M M B G S D E K N P V N S U C O T X B
Q J J P O E N S M G O G H C J L Z Y A
S X U Y Z P N U G K Y P C P G I E H M
H V E H V O R Q L S E D S R O E N X B
T I W S S X Q A T E R X I V B T I R U
S J V B L J B L V Y O N E N A I V J S
H X P H A D O K C Y P K L X U O T W K
G D R E D N E U Z N A A F A C A S V O
P L Y O R P Q Q Y X T O Q W H W V T H
C Q Z X S T O I K U K J T T S X Q D L
I R E M M A K L L I R G Y S P G M X E
B S P U T Q U L E O Q S V T E M X L T
A Y T Y N R Z B R Z G I C U C T H J G
K C L A B R P W F O W N B X K H H I L
N S F K L E Q L N W G G R F M X K K U
C H T M I I E N Y M B K B I R M N Q F
O B B H Z U G P H Y N V Z S S K C J J
O T D U J P U B T G D A X U Y J A D A
```

15

FLEISCHSPIESS

BREKKIES

BAUCHSPECK

BAMBUSKOHLE

RUMPSTEAK

ERHITZEN

ANZUENDER

BALKON

ALUFOLIE

GRILLKAMMER

```
B E R P L S Q V H A M W M E K G C P Y
Z R M M S E M G V G P X S Y K J N M P
L X E M A X H C H V D A S A P A E E S
E E C K W D A W D O N I E J Y L R N E
O W S K K J D U Y K O T I A U U H S X
L B R O N I N S E I S G P T W F I E U
M M B G S D E K N P V N S U C O T X B
Q J J P O E N S M G O G H C J L Z Y A
S X U Y Z P N U G K Y P C P G I E H M
H V E H V O R Q L S E D S R O E N X B
T I W S S X Q A T E R X I V B T I R U
S J V B L J B L V Y O N E N A I V J S
H X P H A D O K C Y P K L X U O T W K
G D R E D N E U Z N A A F A C A S V O
P L Y O R P Q Q Y X T O Q W H W V T H
C Q Z X S T O I K U K J T T S X Q D L
I R E M M A K L L I R G Y S P G M X E
B S P U T Q U L E O Q S V T E M X L T
A Y T Y N R Z B R Z G I C U C T H J G
K C L A B R P W F O W N B X K H H I L
N S F K L E Q L N W G G R M X K K U
C H T M I I E N Y M B K B I R M N Q F
O B B H Z U G P H Y N V Z S S K C J J
O T D U J P U B T G D A X U Y J A D A
```

```
T S W C N S H I O T Y F Q T L N W W Q
C X N W P Q E Q U K V I J V Q K M T N
V O M F S O U O T K V F F M A H L Y C
S T T E K I R B L L I R G J U H T Y W
K V E N R I F L S M E E Q A D I Z U D
W I U D B H D H V J E B B C Q G R Q J
T M D H C S I E L F M J B T R L R T N
S H R B Z O W X X Z P F X I A A I D P
E S U A P R E T N I W H L K X J M G F
E O K M P F E B J Z G L R H M Q O O F
P Z X K S B S F D R A C L X F M U H
T E L Z U C B I X E E S F U P K A H R
V V G L J G J Q Z U I C R V B N A V S
G A R Z E I T E T F O N U M N T Y O N
J L I S J H P E X Q B W Z F L Q R G B
U M Z S M T R O L B U Z L Y S O P W N
O T D G Y B G S Y L R A W V P S N E C
C U I D U Y Z V R Y N E M R W I M B H
U W U T Z G O T J K U X N Y G O N S G
P W T O X S R E S S E M K A E T S B S
E E C U L V O T U V K J H O U C T N R
R O L X X O E X E R M M L L O V C C W
O E W T A A T T U G L L I R G F P Z X
A Z L M K H Y P Z P D G S R M C N T S
```

```
T  S  W  C  N  S  H  I  O  T  Y  F  Q  T  L  N  W  W  Q
C  X  N  W  P  Q  E  Q  U  K  V  I  J  V  Q  K  M  T  N
V  O  M  F  S  O  U  O  T  K  V  F  F  M  A  H  L  Y  C
S  T  T  E  K  I  R  B  L  L  I  R  G  J  U  H  T  Y  W
K  V  E  N  R  I  F  L  S  M  E  E  Q  A  D  I  Z  U  D
W  I  U  D  B  H  D  H  V  J  E  B  B  C  Q  G  R  Q  J
T  M  D  H  C  S  I  E  L  F  M  J  B  T  R  L  R  T  N
S  H  R  B  Z  O  W  X  X  Z  P  F  X  I  A  A  I  D  P
E  S  U  A  P  R  E  T  N  I  W  H  L  K  X  J  M  G  F
E  O  K  M  P  F  E  B  J  Z  G  L  R  H  M  Q  O  O  F
P  Z  X  K  S  B  S  F  D  R  A  C  L  X  F  M  U  H  R
T  E  L  Z  U  C  B  I  X  E  E  S  F  U  P  K  A  H  R
V  V  G  L  J  G  J  Q  Z  U  I  C  R  V  B  N  A  V  S
G  A  R  Z  E  I  T  E  T  F  O  N  U  M  N  T  Y  O  N
J  L  I  S  J  H  P  E  X  Q  B  W  Z  F  L  Q  R  G  B
U  M  Z  S  M  T  R  O  L  B  U  Z  L  Y  S  O  P  W  N
O  T  D  G  Y  B  G  S  Y  L  R  A  W  V  P  S  N  E  C
C  U  I  D  U  Y  Z  V  R  Y  N  E  M  R  W  I  M  B  H
U  W  U  T  Z  G  O  T  J  K  U  X  N  Y  G  O  N  S  G
P  W  T  O  X  S  R  E  S  S  E  M  K  A  E  T  S  B  S
E  E  C  U  L  V  O  T  U  V  K  J  H  O  U  C  T  N  R
R  O  L  X  X  O  E  X  E  R  M  M  L  L  O  V  C  C  W
O  E  W  T  A  A  T  U  G  L  L  I  R  G  F  P  Z  X
A  Z  L  M  K  H  Y  P  Z  P  D  G  S  R  M  C  N  T  S
```

```
R M M E C H R P X X M U G K C F C M W
W P L C Z P D V O Z F F S X X B L C X
L R H F Y L Z I X S A H Y P R F N Q U
A A L P H M L K P E J P J B X E Z A C
K M A S C K L A B Y S B M S G S N T B
O V B I M K E R A M I K G R I L L P Q
J T N L V D T T U Q K O G T F V C Q P
E S Z S U I A O X V Q E K K Q Z V E O
C Q R B G F Y F C P D D Z R T D G T L
C P Q I A A R F W X Y F E M U W R Q E
X R M G R D E E V K V W S E K I I W Z
Z E R O N Q T L S J W M S X T P L K T
W Q B E E C S S W Z D H D T A W L G I
W W J Y L G U A T G T O E L B V S F N
K Y N U E R M L O K Y I I R Z N T N H
Q E Q O N I L A G G Y E Z P G S R G C
I L A C K L L T E P V U B X R Y E Y S
Z Z R O L L I L B W U C V A W P I F N
T O U L E A R M I W W N D V K I F F E
C F E E X B G M Y R X G W W Z H E D T
V E U S E E O M V A G Y L N A T N J U
H H C L I N Z N Y Q C S P H T Z F X P
B M S A A D S Z B G W U A E M M D K K
B E G W C Y P W E G L K A G Q P H Q Z
```

17

GRILLMUSTER

GASGRILL

GRILLSTREIFEN

FETTE

PUTENSCHNITZEL

KERAMIKGRILL

GARNELEN

KARTOFFELSALAT

COLESLAW

GRILLABEND

Lösung

```
R M M E C H R P X X M U G K C F C M W
W P L C Z P D V O Z F F S X X B L C X
L R H F Y L Z I X S A H Y P R F N Q U
A A L P H M L K P E J P J B X E Z A C
K M A S C K L A B Y S B M S G S N T B
O V B I M K E R A M I K G R I L L P Q
J T N L V D T T U Q K O G T F V C Q P
E S Z S U I A O X V Q E K K Q Z V E O
C Q R B G F Y F C P D D Z R T D G T L
C P Q I A A R F W X Y F E M U W R Q E
X R M G R D E E V K V W S E K I I W Z
Z E R O N Q T L S D H W M S X T P L T
W Q B E C S S W Z D H D T A W L G I
W W J Y L G U A T G T O E L B V S F N
K Y N U E R M L O K Y I I R Z N T N H
Q E Q O N I L A G G Y E Z P G S R G C
I L A C K L L T E P V U B X R Y E Y S
Z Z R O L L I L B W U C V A W P I F N
T O U L E A R M I W W N D V K I F F E
C F E E X B G M Y R X G W W Z H E D T
V E U S E E O M V A G Y L N A T N J U
H H C L I N Z N Y Q C S P H T Z F X P
B M S A A D S Z B G W U A E M M D K K
B E G W C Y P W E G L K A G Q P H Q Z
```

```
L R B M C A K L R S B N B F W C H T Z
K O Z B B P L T V O J M E Z Y W A W Q
J U B H U M A L T J I Y R Z Z N X H Q
A S V T A L P H K G F X A R R N I S X
C D Y A W Y P W P C F I C M H E N B R
G X I N K U K F K Y G J C A C M U C O
Q I E E G U A K C B E L K T Q Q Q W C
B Y D I U Z M A J B Y Y O S W E V J O
C I Y H A A I V S G T Z T U U W O C L
F C J I V R N K C R O K E R N G R M E
B F L K I G H G H I G V L B Q C X Q N
T J L E T O N E W L S M E N H K B C C
V B B N F I S A E L Q K T E Q D T G M
U A S H D I O E I S F N T T K Y J Y A
E S F N P G T K V G E Y N A Q M A F
F L A Z O V Q A E Z S L B E O D L Y K
U R P N H L Q A F L F L G S O J E C I
B F U G S R W X L M D I K G J R N T S
J E O Z G N N Z E J W R B G E I M V C
A K H E U D Y I I U M G J Y S R E L Y
C K B B R J C K S Z N N D L W M J V K
O X P G K J W N C M Q A T D D S X L P
C Q M N E P A Z H U F W S I N K T F T
B U Z V N I X M U U O Y U T H C U A R
```

18

ANGRILLEN
GRILL
KOTELETT
KLAPPKAMIN
BRANDING

RAUCH
SCHWEINEFLEISCH
GURKEN
ENTENBRUST
WUERZEN

Lösung

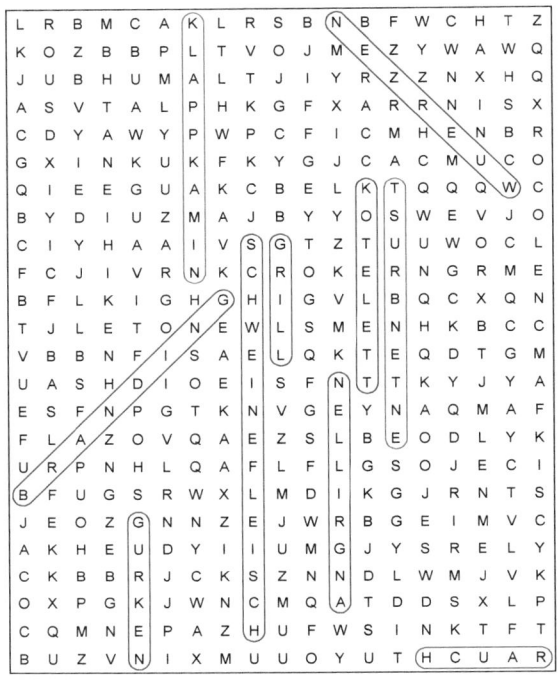

L	R	B	M	C	A	K	L	R	S	B	N	B	F	W	C	H	T	Z
K	O	Z	B	B	P	L	T	V	O	J	M	E	Z	Y	W	A	W	Q
J	U	B	H	U	M	A	L	T	J	I	Y	R	Z	Z	N	X	H	Q
A	S	V	T	A	L	P	H	K	G	F	X	A	R	R	N	I	S	X
C	D	Y	A	W	Y	P	W	P	C	F	I	C	M	H	E	N	B	R
G	X	I	N	K	U	K	F	K	Y	G	J	C	A	C	M	U	C	O
Q	I	E	E	G	U	A	K	C	B	E	L	K	T	Q	Q	Q	W	C
B	Y	D	I	U	Z	M	A	J	B	Y	Y	O	S	W	E	V	J	O
C	I	Y	H	A	A	I	V	G	T	Z	T	U	U	W	O	C	L	
F	C	J	I	V	R	N	K	C	R	O	K	E	R	N	G	R	M	E
B	F	L	K	I	G	H	G	H	I	G	V	L	B	Q	C	X	Q	N
T	J	L	E	T	O	N	E	W	L	S	M	N	H	K	B	C	C	
V	B	B	N	F	I	S	A	E	L	Q	K	T	E	Q	D	T	G	M
U	A	S	H	D	I	O	E	I	S	F	N	T	T	K	Y	J	Y	A
E	S	F	N	P	G	T	K	N	V	G	E	Y	N	A	Q	M	A	F
F	L	A	Z	O	V	Q	A	E	Z	S	L	B	E	O	D	L	Y	K
U	R	P	N	H	L	Q	A	F	L	F	L	G	S	O	J	E	C	I
B	F	U	G	S	R	W	X	L	M	D	I	K	G	J	R	N	T	S
J	E	O	Z	G	N	N	Z	E	J	W	R	B	G	E	I	M	V	C
A	K	H	E	U	D	Y	I	I	U	M	G	J	Y	S	R	E	L	Y
C	K	B	B	R	J	C	K	S	Z	N	N	D	L	W	M	J	V	K
O	X	P	G	K	J	W	N	C	M	Q	A	T	D	D	S	X	L	P
C	Q	M	N	E	P	A	Z	H	U	F	W	S	I	N	K	T	F	T
B	U	Z	V	N	I	X	M	U	U	O	Y	U	T	H	C	U	A	R

DAS

SOMMER

WORTSUCHRÄTSEL BUCH

```
X R L C U K X O Q L I F L B T M H W F
S B I S F J C H J X H Y H D R O X V N
O W O D T B W I N J T I L A O U X L D
A J N O A V H E V Z M M S P Q P E B H
I O S E T U R W M M E F O L Y A L Z
N K S Z G S V Z E U N X Q C B W O U F
A U F B L E A L R B B M J M H Z Z E R
T H V E R N I U C M F D K N N Z O H B
A D V H D E N L S F P X G S A L W E F
A S R J N M D K N F O Q V O O P R N N
T O S L E U S W M A L S P N Z S E D H
S N C X L L D Z J G O U V N F H U E Y
O N C G H B K Z K M J C G E N V A E P
L E G G A Q E B M P V S K N E K L W W
C N C Z R T I E H J K R I S U J B A U
H H Q Y T E R Q O W Y M I C N U S A U
J U R Z S A K E J Q J E R H E C B Y S
Y T N V N N Q M M X O S P E I O S R M
Q R M F I L C W W M A W I I N G S W T
N F A C Z Z H T Z K O C L N U M E D R
O N R B K A W X V S Q S E K T D W U B
G H U F S T B L U P W V P A E U P D F
W A E U I E R F E Z T I H T P K J F J
B R R J T A P Y S N G Q K L O D C S G
```

STRAHLEND BLAUER HIMMEL   PETUNIEN

BLUEHENDE BLUMEN   SONNENHUT

SOMMERANFANG   SOMMERTAG

SONNENSCHEIN   BOOTSAUSFLUG

HITZEFREI   AUF DEM RASEN LIEGEN

Lösung

```
X R L C U K X O Q L I F L B T M H W F
S B I S F J C H J X H Y H D R O X V N
O W O D T B W I N J T I L A O U X L D
A J N O A V H E V Z M M S P Q P E B H
I O S E T U V R W M M E F O L Y A L Z
N K S Z G S V Z E U N X Q C B W O U F
A U F B L E A L R B B M H Z Z E R
T H V E R N I U C M F D K N N Z O H B
A D V H D E N L S F P X G S A L W E F
A S R J N M D K N F O Q V O O P R N N
T O S L E U S W M A L S P N Z S E D H
S N C X L L D Z J G O U V N F H U E Y
O N C G H B K Z M C J C G E N V A E P
L E G G A Q E B M P V S C N E K L W W
C N C Z R T I E H F J K R I S U J B A U
H H Q Y T E R Q O W Y M I C N U S A U
J U R Z S A K E J Q J E R H E C B Y S
Y T N V N N Q M M X O S P E I O S R M
Q R M F I L C W W M A W I I N G S W T
N F A C Z Z H T Z K O C L N U M E D R
O N R B K A W X V S Q S E K T D W U B
G H U F S T B L U P W V P A E U P D F
W A E U I E R F E Z T I H T P K J F J
B R R J T A P Y S N G Q K L O D C S G
```

```
Y U V K T O J M G N I P M A C S A L E
L S F N S O F T E I S U J U L M X R G
Y H B D P C G P O H J N K S K A S R N
W W O V M M G D V X Q J Z L U V M D A
S R A R X H S O M M E R W O N N E T L
E Q N T O O B L E D D A P K H K P P I
C J G V B W U Z P E Y Z E E M H J Q F
P D X R M V L K Z W N Z T C G A D V N
E S X J U B I Q K M Y G K G R D H K U
N E H C M R E U W H E U L G P Q H Z I
H L K U P J H C F S D Z I S P L C L D
Y Q K A E Q Q B R X Y S O E A E B S A
K M I O N U X U W V X M T W Z I S A Y
N U R O P F S I M F M U G B A K V N B
W H S T T G N F S E Q Z R G Z V O D Q
C R C L P D O E R E R G A O O C Y S U
I O H X G X L G G C G D E D K I O I F
E D N G E Y L V Y O G N S N V N F E L
D C E W B U O H R O B M E X P T F B U
K R C O T V G H R N D N R Z E D K N L
Z R K D E O U P S B N V E Y V T A S P
J U E T Y H K Y O W B A P G J L H L H
C C N S D H M T Q I U O R C E M H N R
H X S A J F M X W R K A U W P R V U B
```

 GLUEHWUERMCHEN   PADDELBOOT

LANGE GRAESER   SCHNECKEN

SOMMERWONNE   SANDSIEB

SOMMERGLUT   CAMPING

REGENBOGEN   SOFTEIS

Lösung

```
Y U V K T O J M  G N I P M A C  S A L E
L S F N  S O F T E I S  U J U L M X R G
Y H B D P C G P O H J N K S K A S R N
W W O V M M G D V X Q J Z L U V M D A
S R A R X H  S O M M E R W O N N E  T L
E Q N  T O O B L E D D A P  K H K P P I
C J G V B W U Z P E Y Z E E M H J Q F
P D X M R V L K Z W N Z T C G A D V N
E S X J U B I Q K M Y G K G R D H K U
 N E H C M R E U W H E U L G  P Q H Z I
H L K U P J H C F S D Z I S  P L C L D
Y Q K A E Q Q B R X Y S O E A E B S A
K M I O N U X U W V X M T W Z I S A Y
N U R O P F S I M F M U G  B A K V N B
W H S T T G N F S E Q Z R G Z V O D Q
C R C L P D O E R E R G A O O C Y S U
I O H X G X L G G C G D E D K I O I F
E D N G E Y L V Y O G N S N V N F E L
D C E W B U O H R O B M E X P T F B U
K R C O T V G H R N D N R Z E D K N L
Z R K D E O U P S B N V E Y V T A S P
J U E T Y H K Y O W B A P G J L H L H
C C N S D H M T Q I U O R C E M H N R
H X S A J F M X W R K A U W P R V U B
```

```
L  C  P  W  K  A  V  F  R  E  I  B  A  D  W  J  L  Z  V
M  H  E  W  E  D  D  R  B  U  W  E  C  N  A  Q  O  E  R
M  L  N  H  T  A  I  B  H  N  U  C  X  H  X  R  A  Y  H
U  F  R  E  S  V  X  P  L  W  K  J  R  H  F  Q  W  C  A
O  E  R  A  U  W  P  D  Y  F  E  E  D  V  H  O  L  O  N
N  Y  E  G  G  A  O  I  W  J  S  M  M  I  F  G  H  N  A
E  C  R  Z  U  O  T  D  J  Z  O  A  X  I  X  U  K  E  Y
S  K  E  Z  A  H  K  Q  E  Y  N  T  J  B  W  M  I  M  T
T  V  E  L  I  V  R  U  B  M  N  D  H  O  R  U  N  U  A
G  S  B  D  G  B  G  Y  P  R  E  O  A  T  R  Q  D  L  H
I  Q  D  S  J  N  O  V  Q  L  N  Z  E  I  S  Q  E  B  C
V  N  R  L  I  Y  I  Z  D  X  S  O  P  O  C  M  R  N  G
H  E  E  S  Y  G  J  U  W  N  C  J  J  B  W  F  F  E  D
O  H  D  S  N  G  L  D  W  I  H  U  W  G  H  L  R  N  I
H  C  L  X  P  H  C  N  O  S  E  C  R  Y  V  C  E  N  N
P  S  A  H  T  D  P  Y  M  N  I  Z  B  X  X  D  I  O  S
S  T  W  P  O  Y  O  H  Q  U  N  I  V  T  K  A  Z  S  M
V  A  J  O  Y  P  V  O  D  F  F  T  N  N  G  W  E  F  F
E  L  B  W  U  E  X  T  S  P  N  D  Q  C  W  E  I  I  R
V  E  P  K  H  A  N  S  G  N  H  E  I  H  T  S  T  W  V
I  D  U  L  Y  J  K  W  E  R  U  S  R  O  U  P  B  O  X
C  A  T  N  K  K  Y  Z  R  D  C  S  Y  C  P  E  R  N  L
O  B  G  O  E  D  L  C  L  Y  F  Y  J  F  A  N  S  Q  Q
Z  I  I  B  Q  B  O  N  S  H  X  P  G  H  P  T  N  D  C
```

KINDERFREIZEIT   SONNENBLUMEN
JAHRESZEUGNIS   FREIBAD
BADELATSCHEN   WESPEN
SONNENSCHEIN   AUGUST
WALDERDBEERE   AEHREN

```
L C P W K A V F R E I B A D W J L Z V
M H E W E D D R B U W E C N A Q O E R
M L N H T A I B H N U C X H X R A Y H
U F R E S V X P L W K J R H F Q W C A
O E R A U W P D Y F E E D V V H O L O
N Y E G G A O I W J S M M I F G H N A
E C R Z U O T D J Z O A X I X U K E Y
S K E Z A H K Q E Y N T J B W M I M T
T V E L I V R U B M N D H O R U N U A
G S B D G B G Y P R E O A T R Q D L H
I Q D S J N O V Q L N Z E I S Q E B C
V N R L I Y I Z D X S O P O C M R N G
H E E S Y G J U W N C J B W F F E D
O H D S N G L D W I H U W G H L R N I
H C L X P H C N O S E C R Y V C E N N
P S A H T D P Y M N I Z B X X D I O S
S T W P O Y O H Q U N I V T K A Z S M
V A J O Y P V O D F F T N N G W E F F
E L B W U E X T S P N D Q C W E I I R
V E P K H A N S G N H E I H T S T W V
I D U L Y J K W E R U S R O U P B O X
C A T N K K Y Z R D T C S Y C P E R N L
O B G O E D L C L Y F Y J F A N S Q Q
Z I I B Q B O N S H X P G H P T N D C
```

```
X R B R U N V C I U F M U T S N E J S
O B A S L P A V L T I C A J E B O U P
B E M U Q Z S S J S C U A Z W L K G I
B L N W P X J A N U C I N J L I O O L
E Z O G G E B C S H N Y N N E Y K S V
P R Z M G Z N H E H D E I P Z K S F W
X P O L Y Z Y R L F M E H R M U G L R
T S W D Q K B Q L K Y A X K L C O E P
G X U I B R E A M W P J L H L R T V Z
Q C P E I N K K D L E V C L W J E A M
L C H L R E O E X W T S Z O O Z M P U
U T L K O Z Z X Y W N M Y A K R T W Q
N E W R S T R L Z E Z G C B N Q C T C
E Y S E X I S R T Z O F L R I S N A W
D M E M I W D O M C W E Z E L T E N O
X S N M J H N N X E G W M M S K N V Z
R E L O B C P M A L H B L S H V A Z U
X O G S L S P S J R L F I T R E B O S
A Q B J S P V K L S B T U X I Z E B V
W D U I Y K T H K U L N U J R P L M Q
Z K V D U C X G Y Z F F E P Y W F U I
Z G V G A E O J S H L Y L N A H R P G
O W D W L E Z F C W Y B M O O Z E B U
N T A D X X U N Y F M P L Z Q S I Y I
```

TAUCHERBRILLE   SCHWITZEN

NOTENSCHLUSS   MALLORCA

SOMMERKLEID   ZELTEN

SONENBRAND   RAUPEN

NABELFREI   OZON

Lösung

```
X R B R U N V C I U F M U T S N E J S
O B A S L P A V L T I C A J E B O U P
B E M U Q Z S S J S C U A Z W L K G I
B L N W P X J A N U C I N J L I O O L
E Z O G G E B C S H N Y N N E Y K S V
P R Z M G Z N H E H D E I P Z K S F W
X P O L Y Z Y R L F M E H R M U G L R
T S W D Q K B Q L K Y A X K L C O E P
G X U I B R E A M W P J L H L R T V Z
Q C P E I N K K D L E V C L W J E A M
L C H L R E O E X W T S Z O O Z M P U
U T L K O Z Z X W N M Y A K R T W Q
N E W R S T R L Z E Z G C B N Q C T C
E Y S E X I S R T Z O F L R I S N A W
D M E M I W D O M C W E Z E L T E N O
X S N M J H N N X E G W M M S K N V Z
R E L O B C P M A L H B L S H V A Z U
X O G S L S P S J R L F I T R E B O S
A Q B J S P V K L S B T U X I Z E B V
W D U I Y K T H K U L N U J R P L M Q
Z K V D U C X G Y Z F F E P Y W F U I
Z G V G A E O J S H L Y L N A H R P G
O W D W L E Z F C W Y B M O O Z E B U
N T A D X X U N Y F M P L Z Q S I Y I
```

```
E  D  X  O  H  Y  L  O  A  S  L  S  P  J  K  T  L  E  S
W  P  Q  L  S  Q  S  Z  D  U  O  I  H  O  M  R  M  I  G
E  T  Y  Y  Q  D  H  R  W  V  D  J  P  A  C  K  E  N  O
O  A  J  X  V  S  B  D  F  W  Y  A  B  U  K  K  R  I  H
N  L  E  H  C  S  U  M  S  P  G  B  B  Z  A  O  H  K  G
Y  F  T  W  A  L  D  B  R  A  N  D  S  D  C  Q  J  N  H
C  J  B  X  C  J  W  M  P  J  A  J  L  F  N  V  B  J  Y
S  E  X  Q  H  T  O  K  L  L  G  J  J  C  U  A  O  S  P
O  S  I  H  A  L  V  N  S  P  R  F  N  C  E  R  R  I  F
M  I  N  Z  Z  M  F  Y  Q  V  E  R  T  R  A  O  S  T  A
M  R  M  N  U  M  K  M  M  J  I  U  M  D  M  H  Q  I  S
E  B  Z  M  X  Q  O  M  A  R  Z  P  Q  U  J  U  T  A  C
R  R  S  C  D  F  F  C  V  R  A  G  S  X  P  R  X  N  E
S  E  E  Q  F  K  F  Y  R  V  P  S  O  F  S  R  I  A  I
O  M  E  Y  B  B  E  A  K  T  S  E  F  R  E  M  M  O  S
N  M  L  M  H  M  R  I  L  Q  D  C  G  O  R  V  D  V  G
N  O  A  I  X  M  E  B  S  Y  L  A  G  C  Z  B  T  V  E
E  S  H  T  N  Q  N  F  F  U  A  M  S  J  S  K  T  J  K
F  G  G  V  U  Z  B  O  P  A  W  U  J  U  M  C  Q  N  U
D  X  V  J  N  E  R  E  E  B  S  I  N  N  A  H  O  J  E
L  Y  N  X  D  Q  Y  U  T  U  T  P  W  A  R  B  M  L  H
H  M  A  H  T  G  M  P  V  Z  P  V  T  S  G  J  V  X  L
V  E  V  Q  G  E  N  J  P  F  W  W  Q  K  H  X  B  L  T
W  Z  V  J  V  T  G  B  F  T  C  T  Z  E  E  P  L  J  Z
```

 **5**

WALDSPAZIERGANG
JOHANNISBEEREN
KOFFER PACKEN
SOMMERSONNE
SOMMERBRISE

EISGEKUEHLT
SOMMERFEST
WALDBRAND
STRANDBAD
MUSCHELN

Lösung

```
E D X O H Y L O A S L S P J K T L E S
W P Q L S Q S Z D U O I H O M R M I G
E T Y Y Q D H R W V D J P A C K E N O
O A J X V S B D F W Y A B U K K R I H
N L E H C S U M S P G B B Z A O H K G
Y F T W A L D B R A N D S D C Q J N H
C J B X C J W M P J A J L F N V B J Y
S E X Q H T O K L L G J J C U A O S P
O S I H A L V N S P R F N C E R R I F
M I N Z Z M F Y Q V E R T R A O S T A
M R M N U M K M M J I U M D M H Q I S
E B Z M X Q O M A R Z P Q U J U T A C
R R S C D F F C V R A G S X P R X N E
S E E Q F K F Y R V P S O F S R I A I
O M E Y B B E A K T S E F R E M M O S
N M L M H M R I L Q D C G O R V D V G
N O A I X M E B S Y L A G C Z B T V E
E S H T N Q N F F U A M S J S K T J K
F G G V U Z B O P A W U J U M C Q N U
D X V J N E R E E B S I N N A H O J E
L Y N X D Q Y U T U T P W A R B M L H
H M A H T G M P V Z P V T S G J V X L
V E V Q G E N J P F W W Q K H X B L T
W Z V J V T G B F T C T Z E E P L J Z
```

```
H  J  P  Z  X  T  N  M  M  C  F  U  H  Z  C  C  U  Y
L  H  R  R  A  C  N  W  P  I  F  K  N  S  C  B  Z  G  Z
S  I  E  E  L  L  I  N  A  V  B  W  L  F  N  Q  F  N  K
J  J  S  S  M  S  G  K  V  R  J  G  Z  N  E  R  B  K  I
C  R  X  E  J  E  J  C  O  S  Z  C  B  S  H  Z  F  S  S
E  T  K  S  V  E  J  M  O  Q  X  Z  M  Z  C  S  K  W  G
T  Q  C  I  J  B  N  O  R  D  S  O  M  M  E  R  V  N
W  D  W  E  Y  E  Z  A  U  B  T  P  Q  E  E  T  I  A
V  Q  V  R  E  A  G  K  J  K  S  A  B  C  U  P  H  L  C
T  U  M  R  A  J  Y  W  F  R  B  R  I  U  L  Q  A  R  K
T  L  E  E  C  D  Z  W  S  I  K  V  R  N  B  Q  Q  C  T
A  N  G  M  B  L  L  Q  X  P  F  I  R  J  E  N  F  Y  S
G  S  M  M  H  A  F  C  O  B  A  Z  Y  E  S  I  M  V  C
F  C  M  O  R  Q  N  O  R  L  N  Z  K  A  N  O  U  Z  H
A  W  W  S  K  A  L  Q  O  Z  L  Q  E  S  E  M  D  M  N
L  A  F  V  M  P  I  L  Q  A  O  Y  F  B  A  W  N  I  E
T  G  G  R  A  D  D  S  M  I  X  Q  I  V  G  J  I  U  C
E  J  U  R  K  T  Y  X  Q  M  H  R  L  A  X  F  K  I  K
R  T  T  J  H  S  G  L  W  A  L  U  D  Z  M  B  R  O  E
Q  Y  F  W  S  X  S  N  Z  Q  D  E  O  S  P  D  E  Y  N
F  R  M  Y  A  Y  S  M  U  C  H  I  K  U  V  H  M  A  R
J  O  S  L  X  K  N  P  G  G  I  E  T  F  Y  X  M  B  E
P  B  I  S  V  H  L  N  C  E  R  F  M  O  A  Z  O  M  A
V  N  U  I  N  I  Z  O  S  A  N  D  B  U  R  G  S  T  S
```

GAENSEBLUEMCHEN   VANILLEEIS
NACKTSCHNECKEN   BROMBEEREN
SOMMERREISE   POOLPARTY
NORDSOMMER   TAGFALTER
SOMMERKIND   SANDBURG

Lösung

```
H  J  P  Z  X  T  N  M  M  C  F  U  H  Z  C  C  C  U  Y
L  H  R  R  A  C  N  W  P  I  F  K  N  S  C  B  Z  G  Z
S  I  E  E  L  L  I  N  A  V  B  W  L  F  N  Q  F  N  K
J  J  S  S  M  S  G  K  V  R  J  G  Z  N  E  R  B  K  I
C  R  X  E  J  E  J  C  O  S  Z  C  B  S  H  Z  F  S  S
E  T  K  S  V  E  J  M  O  Q  X  Z  M  Z  C  S  K  W  G
T  Q  C  I  J  J  B  N  O  R  D  S  O  M  M  E  R  V  N
W  D  W  E  Y  E  Z  A  U  B  T  P  Q  E  E  T  I  T  A
V  Q  V  R  E  A  G  K  J  K  S  A  B  C  U  P  H  L  C
T  U  M  R  A  J  Y  W  F  R  B  R  I  U  L  Q  A  R  K
T  L  E  E  C  D  Z  W  S  I  K  V  R  N  B  Q  Q  C  T
A  N  G  M  B  L  L  Q  X  P  F  I  R  J  E  N  F  Y  S
G  S  M  M  H  A  F  C  O  B  A  Z  Y  E  S  I  M  V  C
F  C  M  O  R  Q  N  O  R  L  N  Z  K  A  N  O  U  Z  H
A  W  W  S  K  A  L  Q  O  Z  L  Q  E  S  E  M  D  M  N
L  A  F  V  M  P  I  L  Q  A  O  Y  F  B  A  W  N  I  E
T  G  G  R  A  D  D  S  M  I  X  Q  I  V  G  J  I  E  C
E  J  U  R  K  T  Y  X  Q  M  H  R  L  A  X  F  K  I  K
R  T  T  J  H  S  G  L  W  A  L  U  D  Z  M  B  R  O  E
Q  Y  F  W  S  X  S  N  Z  Q  D  E  O  S  P  D  E  Y  N
F  R  M  Y  A  Y  S  M  U  C  H  I  K  U  V  H  M  A  R
J  O  S  L  X  K  N  P  G  G  I  E  T  F  Y  X  M  B  E
P  B  I  S  V  H  L  N  C  E  R  F  M  O  A  Z  O  M  A
V  N  U  I  N  I  Z  O  S  A  N  D  B  U  R  G  S  T  S
```

```
Q S C A K C S X C N Z P W C N Z G O K
D V H N L L F S S O M M E R P A U S E
R Z Y A Z I Q Q S G L I S A K O C B H
F S A B N N M V F X M E L O N E R F H
O O D Y E W Z H E F O N B L G M E Z B
V R N K N B C Q R K H D U Z V R I O X
T B E W O U Q A I A X H T Q W I S Z D
O A B E L A J L E G K W S F U H E A N
R G A C E L G M N A P M U W H C N Q P
E P R Y M R Y U P U Y V D G N S E V E
U M E H R U T O R D U B W M M N L M N
P N M B E E K R O O A A G C T E A M Z
R M M G S E B E G P R S A T L N D M Z
B R O E S S I F R E W F W L C N G F W
U V S U A T U E A L Q F E J I O L J Q
G W M U W S M A M A U U X M C S B G M
E N Y X Y O B K M U A O O Q N G R H W
C X M H X M B W P G L V X G A X B Z V
D Q H C V M A M M Z L R Q C H J O C M
C K Q G W S Z P P P E Q I T Y Z E W N
P R O L G O R M L T N J S W A Q D M L
X J V A P R Q Y K W U B B S R R P V
P V S F S M V L C D H Q I P U E Z Q M
O S R B G F R Q N B C T R Q W A B L N
```

FERIENPROGRAMM   SOMMERPAUSE
WASSERMELONEN   QUALLEN
SONNENSCHIRM   MELONE
OSTSEEURLAUB   REISEN
SOMMERABEND   KAEFER

```
Q S C A K C S X C N Z P W C N Z G O K
D V H N L L F S S O M M E R P A U S E
R Z Y A Z I Q Q S G L I S A K O C B H
F S A B N N M V F X M E L O N E R F H
O O D Y E W Z H E F O N B L G M E Z B
V R N K N B C Q R K H D U Z V R I O X
T B E W O U Q A I A X H T Q W I S Z D
O A B E L A J L E G K W S F U H E A N
R G A C E L G M N A P M U W H C N Q P
E P R Y M R Y U P U Y V D G N S E V E
U M E H R U T O R D U B W M M N L M N
P N M B E E K R O O A A G C T E A M Z
R M M G S E B E G P R S A T L N D M Z
B R O E S I F R E W F W L C N G F W
U V S U A T U E A L Q F E J I O L J Q
G W M U W S M A M A U U X M C S B G M
E N Y X Y O B K M U A O O Q N G R H W
C X M H X M B W P G L V X G A X B Z V
D Q H C V M A M M Z L R Q C H J O C M
C K Q G W S Z P P P E Q I T Y Z E W N
P R O L G O R M L T N J S W A Q D M L
X J V A Y P R Q Y K W U B B S R R P V
P V S F S M V L C D H Q I P U E Z Q M
O S R B G F R Q N B C T R Q W A B L N
```

```
H  N  C  N  T  V  F  D  R  D  S  F  U  J  X  P  H  E  W
G  Y  Q  Y  E  X  Z  W  F  R  Y  X  W  O  O  C  W  K  T
D  R  X  K  W  G  L  U  U  J  N  O  F  S  W  G  A  T  E
A  D  H  U  S  A  E  W  E  R  R  W  O  K  S  S  N  B  R
P  N  I  J  W  W  Z  R  R  A  Z  E  Y  Y  N  I  D  F  M
M  N  H  Q  U  Y  R  N  I  B  E  S  S  X  D  C  E  Y  A
K  U  X  B  R  U  F  N  L  N  H  I  F  E  Z  E  R  U  G
Y  S  Y  J  L  S  G  U  R  K  U  V  S  C  A  C  T  S  T
I  U  G  Y  I  T  O  O  C  E  R  J  X  D  N  R  A  C  F
M  K  M  B  E  Z  F  A  T  R  D  W  K  V  I  L  G  K  F
R  V  M  B  O  I  M  U  T  K  P  O  F  P  N  E  W  Y  X
U  C  O  K  Y  B  N  O  D  H  Z  F  M  B  C  P  L  S  H
B  U  T  G  Q  O  M  A  J  R  S  O  R  R  F  X  O  E  I
Q  W  A  I  Q  Y  T  P  N  B  E  T  L  I  E  M  K  H  W
G  F  Z  W  Z  Z  Q  T  Z  L  J  M  U  H  M  M  G  A  M
P  M  O  H  N  B  L  U  M  E  N  O  M  E  D  P  M  F  T
J  J  M  W  E  Y  I  T  Y  T  I  C  R  O  C  N  D  O  K
P  G  N  Q  B  K  Q  D  A  V  G  F  J  C  S  V  E  J  S
C  E  I  N  R  S  I  K  O  A  L  M  R  Q  Q  P  F  F  E
B  N  A  Q  N  Z  A  J  N  I  T  G  Y  V  Y  B  L  U  A
I  D  G  R  I  L  L  F  E  S  T  P  X  J  N  M  F  X  J
B  C  R  R  F  G  C  D  L  Y  E  C  Q  D  A  G  H  Y  Z
Q  G  I  R  W  P  E  U  I  C  B  L  Y  L  K  D  E  Q  A
Q  H  T  X  O  R  L  O  V  K  V  N  E  I  L  H  A  D  W
```

SOMMERFLIEDER   JUNIREGEN

MOHNBLUMEN   GRILLFEST

SOMMERDUFT   EISDIELE

SOMMERMODE   DAHLIEN

WANDERTAG   GRAESER

```
H N C N T V F D R D S F U J X P H E W
G Y Q Y E X Z W F R Y X W O O C W K T
D R X K W G L U U J N O F S W G A T E
A D H U S A E W E R R W O K S S N B R
P N I J W W Z R R A Z E Y Y N I D F M
M N H Q U Y R N I B E S S X D C E Y A
K U X B R U F N L N H I F E Z E R U G
Y S Y J L S G U R K U V S C A C T S T
I U G Y I T O O C E R J X D N R A C F
M K M B E Z F A T R D W K V I L G K F
R V M B O I M U T K P O F P N E W Y X
U C O K Y B N O D H Z F M B C P L S H
B U T G Q O M A J R S O R R F X O E I
Q W A I Q Y T P N B E T L I E M K H W
G F Z W Z Z Q T Z L J M U H M M G A M
P M O H N B L U M E N O M E D P M F T
J J M W E Y I T Y T I C R O C N D O K
P G N Q B K Q D A V G F J C S V E J S
C E I N R S I K O A L M R Q Q P F F E
B N A Q N Z A J N I T G Y V V Y B L U A
I D G R I L L F E S T P X J N M F X J
B C R R F G C D L Y E C Q D A G H Y Z
Q G I R W P E U I C B L Y L K D E Q A
Q H T X O R L O V K V N E I L H A D W
```

```
F C T L Q W Y L S U R H R U Y P W J F
A P P Z L P H T D Q K U U R N G S W Z
H T Z N O F W V F J A W O M M I O Z V
Z R V E O P U L N K P V B T Y B M O T
I Z K D Z O O L X C K W E Q D Z M U Q
W W J I G C W T J N W M K L N A E V A
S B J S X F R D E N E K C E U M R Z F
V D E E M U K L R P D Y E O K X B Z X
Y G B R I X Q I E K Y Y R I N E R N N
C S Z R X J U T P T V L H V C G I O P
Y D D E P M D N A R T S C D X B S M J
D A S M Z W P U W M H A S L S B E U Z
B Y N M R N C Z U E H V U I H M K A U
W M J O R O R D N R B T E B Y X Y Q K
Y Y J S Y Y J Z G M V B H E X K C O L
H B P O L P B E G V G F E L H S X K
C D X O E H W T T W O J L L B X P L B
O W L M E U M Q T D Y M V E N K M K R
T Y X B A D E S T R A N D N M F M T K
V B S I A X V O X L H I N L Y S B T G
M C N M X Y F L R R A F M K E J V N O
X D B L P D D W H K F A W R W Q X E X
I A J Z B Z S Q H T A L V W Q N K D U
A Z D Z V Y U M T U E R K E I Z M C E
```

9

SOMMERRESIDENZ   RADTOUR

SOMMERBRISE   TUERKEI

HEUSCHRECKE   MUECKEN

BADESTRAND   STRAND

LIBELLEN   EBBE

Lösung

```
F  C  T  L  Q  W  Y  L  S  U  R  H  R  U  Y  P  W  J  F
A  P  P  Z  L  P  H  T  D  Q  K  U  U  R  N  G  S  W  Z
H  T  Z  N  O  F  W  V  F  J  A  W  O  M  M  I  O  Z  V
Z  R  V  E  O  P  U  L  N  K  P  V  B  T  Y  B  M  O  T
I  Z  K  D  Z  O  O  L  X  C  K  W  E  Q  D  Z  M  U  Q
W  W  J  I  G  C  W  T  J  N  W  M  K  L  N  A  E  V  A
S  B  J  S  X  F  R  D  E  N  E  K  C  E  U  M  R  Z  F
V  D  E  E  M  U  K  L  R  P  D  Y  E  O  K  X  B  Z  X
Y  G  B  R  I  X  Q  I  E  K  Y  Y  R  I  N  E  R  N  N
C  S  Z  R  X  J  U  T  P  T  V  L  H  V  C  G  I  O  P
Y  D  D  E  P  M  D  N  A  R  T  S  C  D  X  B  S  M  J
D  A  S  M  Z  W  P  U  W  M  H  A  S  L  S  B  E  U  Z
B  Y  N  M  R  N  C  Z  U  E  H  V  U  I  H  M  K  A  U
W  M  J  O  R  O  R  D  N  R  B  T  E  B  X  Y  Q  K  X
Y  Y  J  S  Y  Y  J  Z  G  M  V  B  H  E  X  K  C  O  L
H  B  P  O  L  P  B  E  G  V  G  F  E  L  H  H  S  X  X
C  D  X  O  E  H  W  T  T  W  O  J  L  L  B  X  P  L  B
O  W  L  M  E  U  M  Q  T  D  Y  M  V  E  N  K  M  K  R
T  Y  X  B  A  D  E  S  T  R  A  N  D  N  M  F  M  T  K
V  B  S  I  A  X  V  O  X  L  H  I  N  L  Y  S  B  T  G
M  C  N  M  X  Y  F  L  R  R  A  F  M  K  E  J  V  K  Z
X  D  B  L  P  D  D  W  H  K  F  A  W  R  W  Q  X  E  X
I  A  J  Z  B  Z  S  Q  H  T  A  L  V  W  Q  N  K  D  U
A  Z  D  Z  V  Y  U  M  T  U  E  R  K  E  I  Z  M  C  E
```

```
R D X W F F J N I C H T S T U N N A J
K F J J D A V U E F A Y E N Z I K T Q
H U S W R N B V U W K J Y S B B O J F
C U B Q D E P E O B H M L W V F K Q E
U S T I Y U D B R B Z B J I J Y K X Q
X N O R N N S N B B V T L C D L A V E
K Z U Y D S I D I S R B C Q T J C U E
H E R V S X E J G K N C R Z V C F L M
N S I S Z Y L K A R L U V Q X S V P H
N Y S B M N O C T D P E A T O O E H J
B C M O M L K S Z E E R G J M M R C Y
P W U N T S A A A O N N Z O A M G R B
M P S A J K P V D N A T J L V E I R L
S O M M E R A B E N D R O T X R S H J
I Q L S E Z F K G N C A H Z R V S Q T
R Z Q G H A O Y Z G D Y L F K O M C L
S K C R O S E N E J B E A E Q G E Q Y
R E K G T L B R K X J V L J N E I F I
U K Z O Z T Q X H G C F W I M L N N K
Y Q Z Y G F B T I Z D W D G D P N M I
E Y Q N O V M J T T Y U T Y V Z I R U
I T I P U Y U W C E V L X V B S C Z O
Z X C B A Y V S P I X Q V K R D H W L
L Y V J B N Z Y K N W F I L N D T Q F
```

10

VERGISSMEINNICHT
SOMMERABENDROT
VOGELKINDER
SOMMERVOGEL
NICHTSTUN

TOURISMUS
INSEKTEN
LAVENDEL
SANDALEN
ROSEN

Lösung

```
R  D  X  W  F  F  J  N  I  C  H  T  S  T  U  N  N  A  J
K  F  J  J  D  A  V  U  E  F  A  Y  E  N  Z  I  K  T  Q
H  U  S  W  R  N  B  V  U  W  K  J  Y  S  B  B  O  J  F
C  U  B  Q  D  E  P  E  O  B  H  M  L  W  V  F  K  Q  E
U  S  T  I  Y  U  D  B  R  R  B  Z  B  J  I  J  Y  K  X  Q
X  N  O  R  N  N  S  N  B  B  V  T  L  C  D  L  A  V  E
K  Z  U  Y  D  S  I  D  I  S  R  B  C  Q  T  J  C  U  E
H  E  R  V  S  X  E  J  G  K  N  C  R  Z  V  C  F  L  M
N  S  I  S  Z  Y  L  K  A  R  L  U  V  Q  X  S  V  P  H
N  Y  S  B  M  N  O  C  T  D  P  E  A  T  O  O  E  H  J
B  C  M  O  M  L  K  S  Z  E  E  R  G  J  M  M  R  C  Y
P  W  U  N  T  S  A  A  A  O  N  N  Z  O  A  M  G  R  B
M  P  S  A  J  K  P  V  D  N  A  T  J  L  V  E  I  R  L
S  O  M  M  E  R  A  B  E  N  D  R  O  T  X  R  S  H  J
I  Q  L  S  E  Z  F  K  G  N  C  A  H  Z  R  V  S  Q  T
R  Z  Q  G  H  A  O  Y  Z  G  D  Y  L  F  K  O  M  C  L
S  K  C  R  O  S  E  N  E  J  B  E  A  E  Q  G  E  Q  Y
R  E  K  G  T  L  B  R  K  X  J  V  L  J  N  E  I  F  I
U  K  Z  O  Z  T  Q  X  H  G  C  F  W  I  M  L  N  N  K
Y  Q  Z  Y  G  F  B  T  I  Z  D  W  D  G  D  P  N  M  I
E  Y  Q  N  O  V  M  J  T  T  Y  U  T  Y  V  Z  I  R  U
I  T  I  P  U  Y  U  W  C  E  V  L  X  V  B  S  C  Z  O
Z  X  C  B  A  Y  V  S  P  I  X  Q  V  K  R  D  H  W  L
L  Y  L  V  J  B  N  Z  Y  K  N  W  F  I  L  N  D  T  Q  F
```

L	R	M	V	J	C	R	R	Z	Q	G	Z	N	Q	C	E	N	N	H
X	U	D	J	U	U	T	E	G	J	K	O	E	C	O	G	Z	T	S
Q	H	I	W	E	O	A	O	U	W	H	B	A	E	M	B	A	L	O
J	G	G	Y	G	A	E	E	P	H	Y	X	H	L	D	X	W	A	S
V	E	J	X	X	L	Q	S	N	L	V	T	I	Y	D	U	V	I	G
G	B	P	H	E	E	T	D	B	R	I	L	O	B	S	C	H	O	N
F	E	E	K	S	E	L	V	P	F	I	A	Z	D	O	Y	C	F	B
X	E	S	A	J	P	F	L	U	E	C	K	E	N	M	X	F	I	M
Z	R	Z	C	Y	U	L	U	N	F	X	M	S	V	M	B	E	X	M
J	E	F	X	Z	M	A	A	S	F	M	P	P	F	E	Y	U	E	X
Y	N	P	G	S	P	O	L	F	P	I	L	F	S	R	A	L	N	F
L	D	P	N	E	R	E	E	B	M	I	H	C	H	R	U	X	V	R
M	S	L	T	R	E	O	K	I	E	A	F	Z	H	E	P	L	S	Z
C	U	U	W	Z	F	R	Z	L	K	U	V	Y	V	I	C	L	Q	G
D	R	A	Q	E	R	P	L	F	T	D	V	J	D	F	L	H	E	X
D	N	W	C	W	H	E	V	E	G	N	W	T	W	E	H	O	J	X
N	E	T	R	A	G	R	E	M	M	O	S	B	W	N	Y	F	N	S
A	W	K	D	J	T	Y	Z	U	T	B	G	A	K	S	T	S	T	P
S	Q	U	D	O	A	H	O	J	Q	G	U	R	Q	C	J	Z	F	X
V	V	H	Q	N	E	S	S	O	R	P	S	R	E	M	M	O	S	K
H	W	B	F	S	C	U	W	Q	K	O	R	N	B	L	U	M	E	N
L	R	W	W	D	U	A	W	U	M	S	T	V	E	R	W	V	A	M
E	E	S	E	D	A	B	B	Z	Q	B	Z	Q	E	X	T	I	B	J
H	Q	S	C	H	W	I	M	M	B	A	D	W	H	J	F	P	N	V

11

BEEREN PFLUECKEN

SOMMERSPROSSEN

SOMMERREIFEN

SOMMERGARTEN

KORNBLUMEN

SCHWIMMBAD

HIMBEEREN

FLIPFLOPS

BADESEE

LILIEN

Lösung

```
L R M V J C R R Z Q G Z N Q C E N N H
X U D J U U T E G J K O E C O G Z T S
Q H I W E O A O U W H B A E M B A L O
J G G Y G A E E P H Y X H L D X W A S
V E J X X L Q S N L V T I Y D U V I G
G B P H E E T D B R I L O B S C H O N
F E E K S E L V P F I A Z D O Y C F B
X E S A J P F L U E C K E N M X F I M
Z R Z C Y U L U N F X M S V M B E X M
J E F X Z M A A S F M P P F E Y U E X
Y N P G S P O L F P I L F S R A L N F
L D P N E R E E B M I H C H R U X V R
M S L T R E O K I E A F Z H E P L S Z
C U U W Z F R Z L K U V Y Y I C L Q G
D R A Q E R P L F T D V J D F L H E X
D N W C W H E V E G N W T W E H O J X
N E T R A G R E M M O S B W N Y F N S
A W K D J T Y Z U T B G A K S T S T P
S Q U D O A H O J Q G U R Q C J Z F X
V V H Q N E S S O R P S R E M M O S K
H W B F S C U W Q K O R N B L U M E N
L R W W D U A W U M S T V E R W V A M
E E S E D A B B Z Q B Z Q E X T I B J
H Q S C H W I M M B A D W H J F P N V
```

```
V S C L I E G E S T U H L W F W X P I
V N M S R X O H W E R Z E O D Y A K D
C O O R S S V R K P Y Z Q E N A O Q
V C O X B T K F H I K P O K P J S G R
V E Z W R I P A G M M Q V T B F I A V
Z U O O R O D P P K A N K J P P O T M
T E H S O K T X M N E Y L P N A V J U
P J C U T D R N S T H I K Q N J W B Y
Y W H R V Q T M P L D N P N A D X A J
O S A Z H J N O F M R U J Z N H Q D X
P C A V J F R S O Y E Q I X Z U M R F
Q W O E D U Q M U K S S R B C M M A I
D O J R N L H E V J C R Y M L M X U W
H N C L W N A C C N H D X U L E D S Y
U F A Y F J J G Z F E P X J I L K S S
A Z V R C Y H N E S R J K N R H G E O
U P C O T E L V V R R V T T I Y T N M
L H A I U S O N L Z F V X A D N U   M
N L A C J B D W I N O E L J D S R E E
S W U N F P S N L K Z L U F V G C S R
P C A O V K Z J A G V M L E C A G S Z
V B N U T Y U D R S X P P O R S T E E
U X N E H C S R I K A N S S E C H N I
Z X A D J K G U A Y S N E L L I R G T
```

12

DRAUSSEN ESSEN
MAEHDRESCHER
LAGERFEUER
SANDSTRAND
LIEGESTUHL

SOMMERZEIT
KIRSCHEN
GRILLEN
HUMMEL
STROH

Lösung

```
V S C L I E G E S T U H L W F W X P I
V N M S R X O H W E R Z E O D Y A K D
C O O R S S S V R K P Y Z Q E N A O Q
V C O X B T K F H I K P O K P J S G R
V E Z W R I P A G M M Q V T B F I A V
Z U O O R O D P P K A N K J P P O T M
T E H S O K T X M N E Y L P N A V J U
P J C U T D R N S T H I K O N J W B Y
Y W H R V Q T M P L D N P N A D X A J
O S A Z H J N O F M R U J Z N H Q D X
P C A V J F R S O Y E Q I X Z U M R F
Q W O E D U Q M U K S R B C M M A I
D O J R N L H E V J C R Y M L M X U W
H N C L W N A C C N H D X U L E S Y
U F A Y F J J G Z F E P X J I L K S
A Z V R C Y H N E S R J K N R H G E S
U P C O T E L V V R R V T T I Y T N O
L H A I U S O N L Z F V X A D N U M M
N L A C J B D W I N O E L J D S R E E
S W U N F P S N L K Z L U F V G C S R
P C A O V K Z J A G V M L E C A G S Z
V B N U T Y U D R S X P P O R S T E E
U X N E H C S R I K A N S S E C H N I
Z X A D J K G U A Y S N E L L I R G T
```

```
X H W W A P H J D Z C E V D Q I Q M T
F L D B V C T N I P T S N Q G X P W D
P F B T M P W O S G E E W K T N I Z X
G W Q N N S O F C H U I F U P K K G B
M K M F V U E W A Q Q W F U K P X E R
T F J Y J M L L U H M E S H G S P G I
N H P Q D B K A Q C Q G H M I N H N C
J E C B J I C Q I O X E F S U G T I E
H S H U N N H E D P B I I O P T L L Q
F I K E R X E H P Z L L M F P X R U
I D T U G F N A C B T Z C M G Z D E O
F O K Z E   R S S K B S H E C B S T I
V R F A E H N E F E C V H R Q L H T B
D J Y O H F L E M M I G M G G J U E Z
T P Y S O J R T D M E Y E E W C N M O
I H G D J K Y E A A O C C W F P T H C
E G H Z V Q O R I S B S X I R T F C M
R H H Y F N X Y J C C D C T J G D S V
K K Z X M Z S N P G B H U T K J Q A G
I N L N E K A L E D A B E E G G P A P
N Z W F M H W X H M K H D R T Y L N Q
D U D Q S A Y N N A V C B A P S L W U
E C A L Q K Z H J U R P I R J S W P A
R U N M W B T A B C U Y F P R C E F Q
```

13

SCHMETTERLINGE
SOMMERGEWITTER
SOMMERFRUCHT
KUEHLTASCHE
BADEN GEHEN

LIEGEWIESE
TIERKINDER
HITZEFREI
WOELKCHEN
BADELAKEN

135

```
X  H  W  W  A  P  H  J  D  Z  C  E  V  D  Q  I  Q  M  T
F  L  D  B  V  C  T  N  I  P  T  S  N  Q  G  X  P  W  D
P  F  B  T  M  P  W  O  S  G  E  E  W  K  T  N  I  Z  X
G  W  Q  N  N  S  O  F  C  H  U  I  F  U  P  K  K  G  B
M  K  M  F  V  U  E  W  A  Q  Q  W  F  U  K  P  X  E  R
T  F  J  Y  J  M  L  L  U  H  M  E  S  H  G  S  P  G  I
N  H  P  Q  D  B  K  A  Q  C  Q  G  H  M  I  N  H  N  C
J  E  C  B  J  I  C  Q  I  O  X  E  F  S  U  G  T  I  E
H  S  H  U  N  N  H  E  D  P  B  I  I  O  P  T  L  L  Q
F  I  K  E  R  X  E  H  H  P  Z  L  L  M  F  P  X  R  U
I  D  T  U  G  F  N  A  C  B  T  Z  C  M  G  Z  D  T  I
F  O  K  Z  E  R  S  S  K  B  S  H  E  C  B  S  T  I
V  R  F  A  E  H  N  E  F  E  C  V  H  R  Q  L  H  T  B
D  J  Y  O  H  F  L  E  M  M  I  G  M  G  G  J  U  E  Z
T  P  Y  S  O  J  R  T  D  M  E  Y  E  E  W  C  N  M  O
I  H  G  D  J  K  Y  E  A  A  O  C  C  W  F  P  T  H  C
E  G  H  Z  V  Q  O  R  I  S  B  S  X  I  R  T  F  C  M
R  H  H  Y  F  N  X  Y  J  C  C  D  C  T  J  G  D  S  V
K  K  Z  X  M  Z  S  N  P  G  B  H  U  T  K  J  Q  A  G
I  N  L  N  E  K  A  L  E  D  A  B  E  E  G  G  P  A  P
N  Z  W  F  M  H  W  X  H  M  K  H  D  R  T  Y  L  N  Q
D  U  D  Q  S  A  Y  N  N  A  V  C  B  A  P  S  L  W  U
E  C  A  L  Q  K  Z  H  J  U  R  P  I  R  J  S  W  P  A
R  U  N  M  W  B  T  A  B  C  U  Y  F  P  R  C  E  F  Q
```

```
O I W F E E F G P Q G P L N U V I Y C
H B E K E R G S T P X K S N V U H M U
T M F F X E P E Q E F X T U D B U E W
C L A T U U L K T L S P H V E T N R I
M W C Y Z T D Y F O M R W Z R B K X M
E L S B S Y R H M Y T K V D Z G I H G
D R I E S C C M Z Q P S N X T N B H A
C J E I J E L E H S E I W U S L W E
Q N Q A B R N V W C R U P W Y G B X V
C Z V Y L O L Q J I X D B S G O L U H
Y O N I N E Y G H T Q B E M T F P V C
J H E H J J U C S S K X K I Q D O H I
O B K H I G W D A N L J B Y K S G Y T
E Z N Q T M S U M E J Y O A H C V P S
P N N S N J E F J K G E W I T T E R N
H Z F M N A U H Y C B I N X K D H F E
D R T T F U L D N E B A R E M M O S K
G J C O G S P K B Z C P B F X H K H C
V K I Q V V H H J H W W F H C R B N E
M U A E W I Z A G Y E Q H T N A A A U
C R E F E A K N E I R A M H G Q L R M
B M Y F M J Q Z G C D H L P G V O N T
K Z L F F K E B U I P S T R O H H U T
E Z T I H Y N E S O H   E Z R U K S U
```

SOMMERABENDLUFT
MUECKENSTICH
MARIENKAEFER
KURZE HOSEN
ZECKENSTICH

SOMMERLIEBE
STROHHUT
GEWITTER
EISCAFE
HITZE

```
O I W F E E F G P Q G P L N U V I Y C
H B E K E R G S T P X K S N V U H M U
T M F F X E P E Q E F X T U D B U E W
C L A T U U L K T L S P H V E T N R I
M W C Y Z T D Y F O M R W Z R B K X M
E L S B S Y R H M Y T K V D Z G I H G
D R I E S C C M Z Q P S N X T N B H A
C J E I Y J E L E H S E I W U S L W E
Q N Q A B R N V W C R U P W Y G B X V
C Z V Y L O L Q J I X D B S G O L U H
Y O N I N E Y G Q T Q B E M T F P V C
J H E H J J U C S S K X K I Q D O H I
O B K H I G W D A N L J B Y K S G Y T
E Z N Q T M S U M E J Y O A H C V P S
P N N S N J E F J K G E W I T T E R N
H Z F M N A U H Y C B I N X K D H F E
D R T T F U L D N E B A R E M M O S K
G J C O G S P K B Z C P B F X H K H C
V K I Q V W H H J H W W F H C R B N E
M U A E W I Z A G Y E Q H T N A A A U
C R E F E A K N E I R A M H G Q L R M
B M Y F M J Q Z G C D H L P G V O N T
K Z L F F K E B U I P S T R O H H U T
E Z T I H Y N E S O H E Z R U K S U
```

```
H U X N C Y A A A P A I L U J W J U L
N R B U X P N Z K S N M S Q T M C U W
W S D C J Z F P S O N N E N B L U M E
Y X D I X S L C W M H N N F A B K A L
U J T U A A T W Z X E I I R J O F T L
X U R Y Q F R V W N P G A O W R V I A
T K H T Z A Y Z U V A N J A Y P H H B
P G I D X V E D O I T A S K L G I S R
A L O Q R P D T Q J H G O V G W E H E
J S U M G Y X D Q N S R Y V D H Z I S
N V A U R W U A B X D E V G M C P D S
M L T Z A N U N K H Y I K N P A L K A
K L S G X K C E F S V Z W N H Z V A W
S E K N S M D I K J U A B M B I A L W
A F U E B U P R D W D P Q X F R J S I
A R G S Q U G E R X U S I Z I Z Y J Y
M E G I M W B F P R I D N B O W J G O
K M K E E B H R L E G N H T G N U D G
K M H R X S O E L E F A J F L N W O T
X O P R V P E M T M V R H Q U B K R F
N S C E H Q P M O Q H T G C D M A N R
U G L V C K C O K K M S V F X J Z P P
N H O D V N S Q G W F O I F R L K N
R Q P I C K N I C K K O R B Q A S M H
```

STRANDSPAZIERGANG
SOMMERFERIEN
PICKNICKKORB
SONNENBLUME
WASSERBALL

SOMMERFELL
VERREISEN
MEER
STAU
JULI

Lösung

```
H  U  X  N  C  Y  A  A  A  P  A (I  L  U  J) W  J  U  L
N  R  B  U  X  P  N  Z  K  S  N  M  S  Q  T  M  C  U  W
W  S  D  C  J  Z  F  P (S  O  N  N  E  N  B  L  U  M  E)
Y  X  D  I  X  S  L  C  W  M  H  N  N  F  A  B  K  A (L
U  J  T  U  A  A  T  W  Z  X  E  I  I  R  J  O  F  T  L
X  U  R  Y  Q  F  R  V  W  N  P (G  A  O  W  R  V  I  A
T  K  H  T  Z  A  Y  Z  U  V  A  N  J  A  Y  P  H  H  B
P  G  I  D  X  V  E  D  O  I  T  A  S  K  L  G  I  S  R
A  L  O  Q  R  P  D  T  Q  J  H  G  O  V  G  W  E  E  E
J  S (U  M  G  Y  X  D  Q  N  S  R  Y  D  H  Z  I  S  S
N  V  A  U  R  W  U  A  B  X  D  E  V  G  M  C  P  D  S
M (L  T  Z  A (N  U  N  K  H  Y  I  K  N  P  A  L  K  A
K  L  S  G  X  K  C  E  F  S  V  Z  W  N  H  Z  V  A  W)
S  E (N  S  M  D  I  K  J  U  A  B  M  B  I  A  L  W
A  F  U  E  B  U  P  R  D  W  D  P  Q  X  F  R  J  S  I
A  R  G  S  Q  U  G  E  R  X  U  S  I  Z  I  Z  Y  J  Y
M  E  G  I  M  W  B  F (P  R  I  D  N  B  O  W  J  G  O
K (M  K  E  E  B  H  R  L  E  G  N  H  T  G  N  U  D  G
K  M  H  R  X  S  O  E  L  E  F  A  J  L  N  W  O  T
X  O  P  R  V  P  E  M  T  M  V  R  H  Q  U  B  K  R  F
N  S) C  E  H  Q  P  M  O  Q  H  T) G  C  D  M  A  N  R
U  G  L  V  C  K  C  O  K  K  M  S) V  F  X  J  Z  P  P
N  H  O  D  V  V  N  S) Q  G  W  F  O  I  F  R  L  K  N
R  Q (P  I  C  K  N  I  C  K  K  O  R  B) Q  A  S  M  H
```

```
E  G  A  T  S  D  N  U  H  L  V  F  R  B  R  G  G  D  C
Y  B  C  E  E  S  Y  S  D  E  O  I  R  O  L  A  E  V  L
Y  R  X  S  C  W  O  I  O  C  F  A  H  K  T  P  S  L  C
M  W  Q  D  X  T  Y  F  J  M  E  X  C  O  W  B  M  J  U
R  Q  K  K  A  O  S  Q  G  U  M  L  O  G  T  V  H  V  I
U  K  V  N  S  O  Y  V  N  O  I  E  Y  E  A  A  S  B  T
U  Y  A  P  S  V  M  E  U  D  X  W  R  D  P  A  M  K  H
F  G  N  Y  T  M  W  G  H  A  W  O  P  F  M  K  O  T  C
N  C  T  N  Y  D  V  L  T  U  Q  J  T  M  A  N  W  X  A
E  W  T  J  C  F  P  H  J  I  E  Q  E  Y  O  R  W  I  N
J  B  Q  O  I  E  D  R  Z  I  G  L  W  S  C  G  B  B  D
G  A  V  K  V  O  G  H  E  J  N  J  I  L  Y  H  T  E  N
Q  M  X  Y  M  X  H  A  S  U  M  U  S  C  H  E  L  N  O
Y  S  Y  F  E  R  E  R  L  C  A  O  V  U  X  V  U  D  M
K  N  Q  W  G  L  V  M  G  P  Y  L  G  H  E  T  C  S  R
X  R  Q  W  J  H  T  N  O  M  N  W  B  N  P  A  T  Z  E
R  D  P  K  U  D  M  Z  X  Y  Q  E  T  R  J  G  P  Q  M
N  W  Q  V  H  I  M  M  E  L  I  I  L  Y  U  E  R  Y  M
B  E  E  R  E  N  Z  E  I  T  L  K  H  L  G  Z  Z  M  O
T  J  S  L  A  N  G  E  I  A  U  D  J  O  A  V  A  O  S
F  F  D  V  B  D  F  N  T  V  L  T  P  A  Y  U  V  F  C
A  B  A  N  M  W  V  O  B  L  Q  B  G  S  T  C  Q  A  Z
A  H  R  T  U  Z  R  D  L  Q  G  N  T  I  B  R  K  P  L
A  H  A  X  J  H  Q  Y  H  R  M  G  Z  A  A  L  C  B  T
```

16

AZURBLAUER HIMMEL

MUSCHELN SAMMELN

SOMMERMONDNACHT

QUALLENPLAGE

SOMMERFARBE

BEERENZEIT

VENTILATOR

LANGE TAGE

HUNDSTAGE

BRAEUNE

Lösung

```
E G A T S D N U H L V F R B R G G D C
Y B C E E S Y S D E O I R O L A E V L
Y R X S C W O I O C F A H K T P S L C
M W Q D X T Y F J M E X C O W B M J U
R Q K K A O S Q G U M L O G T V H V I
U K V N S O Y V N O I E Y E A A S B T
U Y A P S V M E U D X W R D P A M K H
F G N Y T M W G H A W O P F M K O T C
N C T N Y D V L T U Q J T M A N W X A
E W T J C F P H J I E Q E Y O R W I N
J B Q O I E D R Z I G L W S C G B B D
G A V K V O G H E J N J I L Y H T E N
Q M X Y M X H A S U M U S C H E L N O
Y S Y F E R E R L C A O V U X V U D M
K N Q W G L V M G P Y L G H E T C S R
X R Q W J H T N O M N W B N P A T Z E
R D P K U D M Z X Y Q E T R J G P Q M
N W Q V H I M M E L I I L Y U E R Y M
B E E R E N Z E I T L K H L G Z Z M O
T J S L A N G E I A U D J O A V A O S
F F D V B D F N T V L T P A Y U V F C
A B A N M W V O B L Q B G S T C Q A Z
A H R T U Z R D L Q G N T I B R K P L
A H A X J H Q Y H R M G Z A A L C B T
```

```
R O L N Q M T Y K W U M U P I B L V N
O P A G N T R P W A O U D I D W A U C
M U F L G C N I O P F J I O C C A Z I
I T F U R F H L K L I O J E N J Y S G
J C O F W P L L T J N B A Y Y D L A W
T R V S J X K E E C J T I V F P A U S
J O S U K X D H F F M M S L R Q M Q E
T L T O N Z S P S U P B M Y U R P O K
J R P V M A O P M Y A A C A U U I Z P
K P Y H Q M C O P F B H R U C D O F Y
E T R P V O E V H S G K C E Y G N N C
G O I Z L Q K R O I S G Q S M O S O Y
B P B Q C M Z O H P M Z F N D M F B S
O H W V G K W M E I H G V A U N O P T
S G H U A X U I F Z T T A F T S A S R
Y H O C N E S V Y I K Z G P E B N S A
K I W L M E N K F I E E E E M F P I N
R S I E T R U H G O J V P I D F W I D
O N T R I U T I M D G K W S Z M C A K
P V F N R D A F O V G D J S T I T T O
J Y U O V Y H S Q Y N E L B Y R G N R
Y J L P A N R E M M O S L L O V A E B
N E T H C U E L R E T T E W O F N G Y
A U O Z Y K Z S X N C W N U M R F I S
```

WETTERLEUCHTEN   VOLLSOMMER

SANDSCHAUFEL   JOGHURTEIS

SOMMERHITZE   STRANDKORB

QUARKSPEISE   LAMPIONS

SOMMERAPFEL   JUNI

Lösung

```
R  O  L  N  Q  M  T  Y  K  W  U  M  U  P  I  B  L  V  N
O  P  A  G  N  T  R  P  W  A  O  U  D  I  D  W  A  U  C
M  U  F  L  G  C  N  I  O  P  F  J  I  O  C  C  A  Z  I
I  T  F  U  R  F  H  L  K  L  I  O  J  E  N  J  Y  S  G
J  C  O  F  W  P  L  L  T  J  N  B  A  Y  Y  D  L  A  W
T  R  V  S  J  X  K  E  E  C  J  T  I  V  F  P  A  U  S
J  O  S  U  K  X  D  H  F  F  M  M  S  L  R  Q  M  Q  E
T  L  T  O  N  Z  S  P  S  U  P  B  M  Y  U  R  P  O  K
J  R  P  V  M  A  O  P  M  Y  A  A  C  A  U  U  I  Z  P
K  P  Y  H  Q  M  C  O  P  F  B  H  R  U  C  D  O  F  Y
E  T  R  P  V  O  E  V  H  S  G  K  C  E  Y  G  N  C  C
G  O  I  Z  L  Q  K  R  O  I  S  G  Q  S  M  O  S  O  Y
B  P  B  Q  C  M  Z  O  H  P  M  Z  F  N  D  M  F  B  S
O  H  W  V  G  K  W  M  E  I  H  G  V  A  U  N  O  P  T
S  G  H  U  A  X  U  I  F  Z  T  T  A  F  T  S  A  S  R
Y  H  O  C  N  E  S  V  Y  I  K  Z  G  P  E  B  N  S  A
K  I  W  L  M  E  N  K  F  I  E  E  E  M  F  P  I  N  D
R  S  I  E  T  R  U  H  G  O  J  V  P  I  D  F  W  I  D
O  N  T  R  I  U  T  I  M  D  G  K  W  S  Z  M  C  A  K
P  V  F  N  R  D  A  F  O  V  G  D  J  S  T  I  T  T  O
J  Y  U  O  V  H  S  Q  Y  N  E  L  B  Y  R  G  N  R  R
Y  J  L  P  A  N  R  E  M  M  O  S  L  L  O  V  A  E  B
N  E  T  H  C  U  E  L  R  E  T  T  E  W  O  F  N  G  Y
A  U  O  Z  Y  K  Z  S  X  N  C  W  N  U  M  R  F  I  S
```

```
K D V S Z Q W Y D L M X Y D Q Y D D C
J I N F U J W N Z C Z D J U C A T P S
G E F A R F T C T M F M C F I J D V G
O W G G R P Y Q N I C O K S G O K S L
E E P I F B L K D W O P C Z G G R O Q
X M T D Y V N M V S E R I B E T J M U
Y L N E H C R E M I E D N A S R U M H
D B T M W U B U N R T Q K Z A O B E E
T E B T N U D Z K N D B C F J C U R S
S F Q C A E V K E A O C I S K K O N O
N R U L A U G W E C U S P L C E B A N
A F R V N G Q E A I A V I Q B N S C N
T U Z Y Q Z Q E R U Z M E V H H T H E
M B D C F Q M T K R A O W C H E S T N
S X D C V F M W M A E C U H M I A J C
B E K B X I N G N A R M R H C T L O R
Y Y H A T Y D L X U A Y M F X B A E E
P C K S L Q A N Z K Y N O O E E T N M
V E C D Q G U U M S S Q Q O S S C O E
I B T W E Y B S K K N J X D W M J U M
O N R L E Z H R N H H R A J R J A I Y
K Z O R G Z Y Z Q B E H W T Z F F S W
U M H Z G T O D O Q L Q I Y K N Q A K
V Y L U T C R X Z V F B A H M U X Q N
```

 **18**

SANDEIMERCHEN   SOMMERNACHT
KLIMAANLAGE   SONNENBRAND
TROCKENHEIT   OBSTSALAT
SOMMERREGEN   PICKNICK
SONNENCREME   URLAUB

Lösung

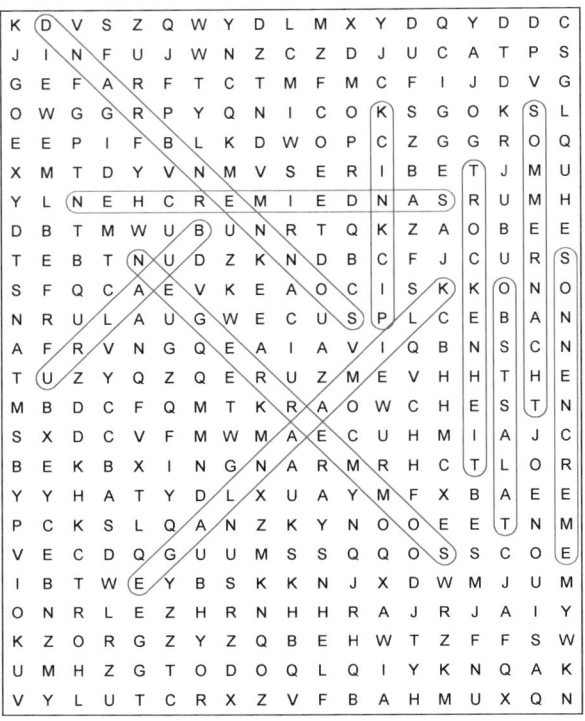

```
K  D  V  S  Z  Q  W  Y  D  L  M  X  Y  D  Q  Y  D  D  C
J  I  N  F  U  J  W  N  Z  C  Z  D  J  U  C  A  T  P  S
G  E  F  A  R  F  T  C  T  M  F  M  C  F  I  J  D  V  G
O  W  G  G  R  P  Y  Q  N  I  C  O  K  S  G  O  K  S  L
E  E  P  I  F  B  L  K  D  W  O  P  C  Z  G  G  R  O  Q
X  M  T  D  Y  V  N  M  V  S  E  R  I  B  E  T  J  M  U
Y  L  N  E  H  C  R  E  M  I  E  D  N  A  S  R  U  M  H
D  B  T  M  W  U  B  U  N  R  T  Q  K  Z  A  O  B  E  E
T  E  B  T  N  U  D  Z  K  N  D  B  C  F  J  C  U  R  S
S  F  Q  C  A  E  V  K  E  A  O  C  I  S  K  O  N  O  O
N  R  U  L  A  U  G  W  E  C  U  S  P  L  C  E  B  A  N
A  F  R  V  N  G  Q  E  A  I  A  V  I  Q  B  N  S  C  N
T  U  Z  Y  Q  Z  Q  E  R  U  Z  M  E  V  H  H  T  H  E
M  B  D  C  F  Q  M  T  K  R  A  O  W  C  H  E  S  T  R
S  X  D  C  V  F  M  W  M  A  E  C  U  H  M  I  A  J  C
B  E  K  B  X  I  N  G  N  A  R  M  R  H  C  T  L  O  R
Y  Y  H  A  T  Y  D  L  X  U  A  Y  M  F  X  B  A  E  E
P  C  K  S  L  Q  A  N  Z  K  Y  N  O  O  E  E  T  N  M
V  E  C  D  Q  G  U  U  M  S  S  Q  Q  O  S  S  C  O  E
I  B  T  W  E  Y  B  S  K  K  N  J  X  D  W  M  J  U  M
O  N  R  L  E  Z  H  R  N  H  H  R  A  J  R  J  A  I  Y
K  Z  O  R  G  Z  Y  Z  Q  B  E  H  W  T  Z  F  F  S  W
U  M  H  Z  G  T  O  D  O  Q  L  Q  I  Y  K  N  Q  A  K
V  Y  L  U  T  C  R  X  Z  V  F  B  A  H  M  U  X  Q  N
```